文部科学省後援・全国経理教育協会主催／法人税法能力検定試験準拠

説明・設例・練習問題で理解できる

法人税法テキスト

法人税法を初めて学習する方に！ | 岩崎 功 著／経理教育研究会 監修

令和6年度版

corporation tax

EIKOSHA

まえがき

●初学者向けのテキスト

　本書は、法人税法を初めて学習する方のためのテキストです。法人税法を学習しやすいように体系的に編纂し、法律の条文を尊重しつつわかりやすい表現に改めました。また、税法の理解を助けるために、豊富な設例と練習問題を掲載しています。

●教養としての「法人税法テキスト」

　単元ごとに、詳しい説明と豊富な設例、および練習問題で構成しています。これ1冊で法人税法の全体像を理解できることでしょう。

●検定対策としての「法人税法テキスト」

　本書は法人税法能力検定試験（公益社団法人全国経理教育協会主催）の3級の出題範囲を完全に、また2級の範囲もほぼ網羅していますので、検定対策書籍としてご使用いただけます。

　検定試験に合格するためには、より実践的な練習問題を数多くこなすことが重要です。単元別問題集『法人税法問題集』および本試験形式模擬プリント集『法人税法直前模試』とあわせて学習を進められることで、検定合格をより確実なものにすることができるでしょう。

　本書が読者のみなさまの夢や目標に少しでも近づくための一助となれば幸いです。

■教育機関における学習の便宜のため、法案の段階で執筆しておりますことをあらかじめご承知おきください。なお、本書出版後に法律の改正が行われた場合は、弊社ホームページにて修正箇所をご案内させていただきます。
URL https://www.eikosha.net/

株式会社　英光社

目次

第1章 法人税の概要

本章では，法人税の基本的項目（①法人課税の根拠，②法人の種類，③納税義務と課税所得の範囲，④法人の設立時の手続き）について学習する。

1 法人課税の根拠

法人税は，会社の所得に対して課税される税金である。法人税を課税する理由については，法人の性格に対する考え方の違いにより，大きく分けて**法人実在説**と**法人擬制説**の2つがある。

(1) 法人実在説

法人実在説とは，法人は個人とは完全に独立した性格であり，法人自体が経済取引を行う権利能力を有しているという考え方である。この考え方によれば，法人自体が支払能力を有しているのであるから，法人がもうけた所得に課税し，所得の一部を株主である個人に配当したら，その株主の配当所得にも課税されることになる。

(2) 法人擬制説

法人擬制説とは，法人は経済取引の主体にはなるが，要は**株主等**（株主又は合名会社，合資会社などの社員その他法人の出資者）の集合体であり，法律によって，人格を擬制的に付けたにすぎないという考え方である。この考え方によれば，法人の所得は，いつかは株主等である個人に帰属することになるので，法人の所得には課税されることがなく，所得の一部が配当という形で株主等に渡った段階で個人所得税を課税すればよいということになる。

わが国の法人税は，法人擬制説に近い立場を取っている。では，なぜ法人税を課税するのかというと，それは「法人税は，株主等に対する個人所得税を，法人の段階で一部前取りをしている」という根拠からである。従って，法人が株主に支払う配当は，法人があげた所得に対して課税された残りの利益から行われるので，その配当を受取った株主等に個人所得税をかければ，さらに課税されるという**二重課税**という問題が発生する。そこで二重課税の排除を目的として**配当控除制度**が設けられている。

設　例

　次の文章は，法人税を課税する根拠の2つの説を述べたものである。（　　　）の中にあてはまる語を，下記の語群から選び，記号で記入しなさい。

1．法人実在説とは，法人は（　　　）とは（　　　）した性格であり，法人自体が経済取引を行う（　　　）を有しているという考え方である。この考え方によれば，法人自体が支払能力を有しているのであるから，法人が（　　　）に課税し，所得の一部を（　　　）である個人に配当したら，その株主の（　　　）にも課税されることになる。

<語　群>　　ア．配当所得　　　イ．完全に独立　　　ウ．個　人　　　エ．株　主
　　　　　　オ．権利能力　　　カ．もうけた所得

2．法人擬制説とは，法人は経済取引の（　　　）にはなるが，要は株主等の（　　　）であり，法律によって，人格を（　　　）に付けたにすぎないという考え方である。この考え方によれば，法人の所得は，いつかは株主等である個人に帰属することになるので，（　　　）には課税されることがなく，所得の一部が（　　　）という形で株主等に渡った段階で（　　　）を課税すればよいということになる。わが国の法人税は，この法人擬制説に近い立場を取っている。

<語　群>　　キ．集合体　　　ク．擬制的　　　ケ．個人所得税　　　コ．主　体
　　　　　　サ．法人の所得　シ．配　当

【解答】　　順に，1－ウ，イ，オ，カ，エ，ア　　　2－コ，キ，ク，サ，シ，ケ

2 法人の種類

　法人税では，法人の種類によって納税義務や課税所得等の範囲を定めている。

(1) 法人の種類

　法人税は，原則として法人の所得に対して課税する国税である。法人税の納税義務との関係で，法人を**内国法人**と**外国法人**とに区分している。

① 内国法人

　内国法人とは，国内に本店又は主たる事務所を有する法人をいい，さらに次のように区分される。

(i) 公共法人

　公共法人とは，地方公共団体，地方公社等の法人や政府の出資により公共の利益のために営む企業体などをいい，これには日本放送協会，独立行政法人である国立大学法人，住宅金融支援機構や日本学生支援機構などがある。

(ii) 公益法人等

　公益法人等とは，利益又は残余財産が分配されるべき特定の資本主等を原則として有さず，その営む公益事業は，社会公共の利益を目的とする法人をいう（公益事業だけでなく，営利事業を行う場合もある）。公益法人等には，税理士会，日本赤十字社，商工会議所，商工会，公益社団法人，公益財団法人，学校法人，宗教法人，社会福祉法人などがあり，非営利型法人に該当する一般社団法人及び一般財団法人もこれに含まれる。

(iii) 人格のない社団等

　人格のない社団等とは，社団又は財団のような性質を有しているが，法人たる手続きを取って

いないため法人としては認められない団体である。ただしこのうち代表者又は管理人の定めの有るものは，税法上「人格のない社団等」として法人とみなされる。

人格のない社団等には，同窓会，ＰＴＡ，研究会，労働組合などがある。

(ⅳ) 協同組合等

協同組合等とは，組合員は自分で事業を営み，組合は組合員の事業活動に便宜を与えるために活動を行うだけで組合自体の営利を追求せず，かつ一般の公益を目的とするものではない。

協同組合等には，農業協同組合，漁業協同組合，信用金庫，消費生活協同組合，信用組合，労働金庫などがある。

(ⅴ) 普通法人

普通法人とは，公共法人，公益法人等，協同組合等，人格のない社団等以外の法人で，株式会社，合名会社，合資会社，合同会社，医療法人などがある。

② 外国法人

外国法人とは，内国法人以外の法人（つまり，外国に本店又は主たる事務所を有する法人）をいう。

設 例

1．次の表は，法人を法人の納税義務の範囲の異なるごとに区分したものであるが，（　　）にあてはまる語を，下記の語群から選び，記号で記入しなさい。

＜語群＞　1．内国法人　2．外国法人　3．公共法人　4．公益法人等　5．普通法人

法人
- （ア．　　　）
  - （イ．　　　）
  - 公益法人等
  - 人格のない社団等
  - 協同組合等
  - 普通法人
- 外　国　法　人

2．次の表は，内国法人を納税義務の範囲等によって分類したものである。資料欄に示す法人はどの区分に該当するか，それぞれ2つずつ選択し，その番号を解答欄に記入しなさい。

	法人の区分	解答欄	資　　料
内国法人	公　共　法　人		1．株式会社　　2．同窓会
	公　益　法　人　等		3．日本学生支援機構　　4．ＰＴＡ
	人格のない社団等		5．信用金庫　　6．日本赤十字社
	協　同　組　合　等		7．日本放送協会　　8．商工会
	普　通　法　人		9．合名会社　　10．農業協同組合

【解答】　1．アー1，イー3

　　　　2．公共法人－3，7　　　公益法人等－6，8　　　人格のない社団等－2，4

　　　　　協同組合等－5，10，　普通法人－1，9

3 納税の義務と課税所得の範囲

　内国法人はすべての所得について法人税の納税義務があるが，外国法人については国内に源泉のある所得についてのみ納税義務がある。法人税法では，法人の種類によって納税義務や課税所得の範囲を定めている。

① 公共法人については，非課税法人といわれるように法人税は課税されない。

② 公益法人等については，収益事業を営んで所得を得たときにその所得に対して低税率の法人税が課税される。

③ 人格のない社団等については，収益事業を営んで所得を得たときにその所得に対して普通税率の法人税が課税される。

　なお，収益事業とは，販売業，製造業，その他の政令で定める事業（印刷業，出版業，旅館業など34種の事業）で，継続して事業場を設けて営まれるものをいう。

④ 協同組合等については，すべての所得に対して低税率の法人税が課税される。

⑤ 普通法人については，すべての所得に対して普通税率の法人税が課税される。

　内国法人については，各事業年度の所得に対して法人税が課せられる。また外国法人については，原則として国内源泉にかかる各事業年度の所得に対して法人税が課せられる。本書では，各事業年度の所得に対する法人税についてのみ学習する。

　なお，**事業年度**とは，法令または法人の定款等に定める会計期間等をいう。

内国法人の納税の義務と課税所得の範囲

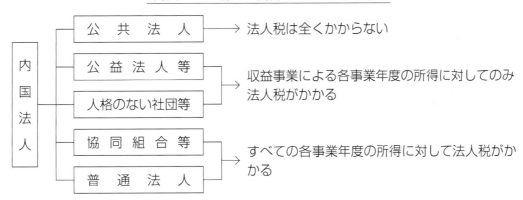

設　例

　次の各内国法人について，各事業年度の所得に対する法人税の課税関係を，該当欄に○印を記入しなさい。

	課税される	課税されない	課税される場合もある
公共法人（地方公共団体）			
公益法人等（学校法人）			
人格のない社団等（ＰＴＡ）			
協同組合等（農業協同組合）			
普通法人（株式会社）			

【解答】 公共法人－「課税されない」欄に○印　　公益法人等及び人格のない社団等－「課税される場合もある」欄に○印　　協同組合等及び普通法人－「課税される」欄に○印

4 事業年度

各事業年度の所得に対する法人税は「事業年度」という一定の期間を区切って，それぞれの事業年度ごとに課税所得及び税額を確定させるものである。

(1) 事業年度を定めている場合

事業年度とは，会計期間その他これに準ずる期間で，法令または定款，規則，規約等に定めるものをいう。

(2) 事業年度を定めていない場合

設立の日から2か月以内に，会計期間を定めて税務署長に届出なければならず，その届出がない場合には，税務署長が指定する。ただし，人格のない社団等が会計期間の届出をしない場合には，1月1日から12月31日までがその事業年度となる。

(3) 1年を超える事業年度の場合

税法上，事業年度は1年を超えることができないことになっている。法人が届出た期間が1年を超える場合には，その期間の開始の日から1年ごとに区分した各期間（最後に1年未満の期間が生じたときはその期間）が，それぞれ1事業年度となる。

(4) みなし事業年度

法人が事業年度の中途で解散，合併等をした場合には，特別な事業年度の区切り方をすることになっている。そのような事業年度を「みなし事業年度」という。

(5) 事業年度の変更

法人が，定款等に定める会計期間を変更した場合，または定款等に新たに会計期間を定めた場合には，変更前の会計期間及び変更後の会計期間，または新たに定めた会計期間を税務署長に届出なければならない。

設 例

次の文章の（　　　）の中にあてはまる語を，下記の語群から選び，記号で記入しなさい。

1．事業年度とは，（　　　）その他これに準ずる期間で，法令または（　　　），規則，規約等に定めるものをいう。

2．設立の日から（　　　）以内に，（　　　）を定めて（　　　）に届出なければならず，その届出がない場合には（　　　）が指定する。

3．法人等が，（　　　）等に定める（　　　）を変更した場合，また（　　　）等に新たに（　　　）を定めた場合には，変更前の（　　　）及び変更後の（　　　），または新たに定めた（　　　）を（　　　）に届出なければならない。

<語　群>　　ア．定款　　　イ．税務署長　　　ウ．会計期間　　　エ．2か月

【解答】　1－ウ，ア　　　2－エ，ウ，イ，イ　　　3－ア，ウ，ア，ウ，ウ，ウ，ウ，イ

5 法人の設立時の手続き

会社を設立したときには，納税地（本店又は主たる事務所の所在地）の税務署長に対して，次の手続きをする必要がある。

① 法人設立届出書の提出

② 青色申告の承認申請（任意）

(1) 法人設立届出書の提出

法人設立届出書は，所轄税務署に設立登記の日から2か月以内に提出しなければならない。この届出書には，設立の日，事業年度（決算日），資本金の金額，事業の目的などを記載することになっている。これらの記載事項は定款と設立登記簿を参照すると分かるようになっている。

法人設立届出書の提出に当たっては，定款等を添付することになっている。

(2) 青色申告の承認申請

青色申告をした法人には，帳簿書類を備え付け，所定の方法で記録又は保存することができるときには，課税上いろいろな特典があるので，設立と同時に**「青色申告の承認申請書」**を提出するのが一般的である。この申請書は，最初の事業年度終了の日の前日又は設立の日以後3か月を経過した日の前日のいずれか早い方の日（設立後1年を経過した会社が，青色申告書を提出しようとする場合には，事業年度開始の日の前日までに届出ることになっている）までに提出すればよいことになっている。

なお，青色申告の課税上の特典には，次のようなものがある。

① 欠損金の繰越控除

② 欠損金繰戻しによる前1年以内の法人税額の還付

③ 減価償却資産の特別償却や割増償却

④ 各種準備金の積立額の損金算入など

設 例

次の文章の（　　　）の中にあてはまる語を，下記の語群から選び，記号で記入しなさい。

1．会社を設立したときには，設立の日，事業年度，資本金の金額，事業の目的などを記載した「（　　　）」とともに（　　　）等を添付して，所轄税務署に設立の日から（　　　）以内に提出することになっている。

2．（　　　）法人には，課税上いろいろな（　　　）があるので，設立と同時に「青色申告の（　　　）」を提出するのが一般的である。この申請書は，最初の事業年度終了の日の前日又は設立の日以後（　　　）を経過した日の前日までのいずれか早い方の日までに提出すればよいことになっている。

<語　群>　ア．3か月　イ．2か月　ウ．定　款　エ．特　典　オ．承認申請書
　　　　　カ．法人設立届出書　　　キ．青色申告

【解答】　　1－カ，ウ，イ　　　2－キ，エ，オ，ア

練 習 問 題

1．次の文章は，下記の語群の用語を説明したものである。その説明にあう用語を下記の語群から選び，解答欄に記号で記入しなさい。

(1) 公共法人，公益法人等，協同組合等，人格のない社団等以外の法人で，株式会社，合名会社，合資会社，合同会社，医療法人などがある。

(2) 国内に本店又は主たる事務所を有する法人をいう。

(3) 法人は個人とは完全に独立した性格であり，法人自体が経済取引を行う権利能力を有しているという考え方である。

(4) 社団又は財団のような性質を有しているが，法人たる手続きを取っていないため法人としては認められない団体であって，代表者又は管理人の定めの有るものをいう。

(5) 利益又は残余財産が分配されるべき特定の資本主等を，原則として有さず，しかも，その営む公益事業は，社会公共の利益を目的とする法人である。

(6) 法人は経済取引の主体にはなるが，要は株主等の集合体であり，法律によって人格を擬制的に付けたにすぎないという考え方である。

(7) 組合員は自分で事業を営み，組合は組合員の事業活動に便宜を与えるために活動を行うだけで組合自体の営利を追求せず，かつ一般の公益を目的とするものではない。

(8) 政府の出資により公共の利益のために営む企業体をいう。

(9) 内国法人以外の法人（つまり，外国に本店又は主たる事務所を有する法人）をいう。

＜語　群＞	ア．法人実在説　イ．法人擬制説　ウ．内国法人　エ．外国法人　オ．公共法人 カ．公益法人等　キ．人格のない社団等　　ク．協同組合等　　ケ．普通法人

＜解答欄＞	1		2		3		4		5		6		7	
	8		9											

2．次の表は，内国法人を法人税の納税義務の範囲等によって区分し，各区分に属する法人の具体例を示すものである。表の空欄にあてはまる語を，下記の資料から選び，解答欄に番号で記入しなさい。

解　答　欄		資　　料		
法 人 区 分	法 人 の 具 体 例			
ア．	国 立 大 学 法 人	1．日本放送協会　　2．普通法人		
	オ．			
公 益 法 人 等	カ．	3．同窓会　　4．税理士会		
	キ．			
イ．	信 用 組 合	5．消費生活協同組合　　6．公共法人		
	ク．			
ウ．	Ｐ Ｔ Ａ	7．合資会社　　8．人格のない社団等		
	ケ．			
エ．	株 式 会 社	9．協同組合等　　10．商工会議所		
	コ．			

3．次の各文の（　　）内にあてはまる語を，下記の語群から選び，解答欄に記号で記入しなさい。なお，同じ語を何度使用してもよいが，使用しない語もあるので注意をすること。

(1) 普通法人とは，（　①　），公益法人等，協同組合等以外の法人をいい，人格のない社団等を含まない。

(2) 外国法人とは，（　②　）以外の法人をいう。

(3) （　③　）は，法人税法により，法人税を納める義務がある。ただし，（　④　）である公益法人等または人格のない社団等については，収益事業を営む場合に限る。

(4) （　⑤　）は，法人税を納める義務はない。

(5) （　⑥　）の法人税の納税地は，その本店又は主たる事務所の所在地とする。

＜語　群＞　ア．内国法人　　イ．外国法人　　ウ．普通法人　　エ．公共法人

＜解答欄＞ ① 　 ② 　 ③ 　 ④ 　 ⑤ 　 ⑥

4．次の文章の（　　　　）の中にあてはまる語を，下記の語群から選び，記入しなさい。

　(1)　法人税法上株主等とは，（　　　　）又は合名会社，合資会社若しくは合同会社の（　　　　），その他の法人の（　　　　）をいう。

　　　＜語　群＞　　オーナー，　店主，　株主，　出資者，　会社員，　社員，　取締役

　(2)　（　　　　　　　）又は（　　　　　　　　　　）は，収益事業を営む場合に限り，法人税を納める義務を負う。

　　　＜語　群＞　　公共法人，　公益法人等，　人格のない社団等，　協同組合等，　普通法人

　(3)　事業年度とは，（　　　　　　）その他これに準ずる期間で法令で定めるもの又は定款等に定める期間をいう。

　　　＜語　群＞　　営業年度，　会計期間，　会計年度

5．次の文章の（　　　　）の中にあてはまる語を，下記の語群から選び，記入しなさい。

　(1)　（　　　　）法人とは，国内に（　　　　）又は主たる事務所を有する法人をいう。

　　　＜語　群＞　　内国，　国内，　外国，　国外，　本社，　本店

　(2)　普通法人とは，公共法人，（　　　　　　），協同組合等以外の法人をいい，（　　　　　　　　　）を含まない。

　　　＜語　群＞　　宗教法人，　収益法人，　公益法人等，　人格のない社団等，　財団法人

　(3)　人格のない社団等とは，法人でない社団又は財団で（　　　　）又は（　　　　　）の定めの有るものをいう。

　　　＜語　群＞　　社長，　団長，　管理者，　管理人，　総代，　代表者

第2章　所得金額の計算

　本章では，各事業年度の所得に対する法人税の課税標準である「各事業年度の所得金額」の意義，算定方法，企業会計との関係について学習する。

1　各事業年度の所得金額

(1)　所得金額の意義

　各事業年度の所得に対する法人税の課税標準は，各事業年度の所得金額であり，さらに，この所得金額に税率を乗ずることにより法人税額が算出される。

　法人税法によると，各事業年度の所得金額は，「その事業年度の益金の額」から「その事業年度の損金の額」を控除した金額と定められている。

各事業年度の所得金額＝その事業年度の益金の額－その事業年度の損金の額

> **設　例**
>
> 　次の文章の（　　　）の中にあてはまる語を，下記の語群から選び，記入しなさい。
>
> 　内国法人の各事業年度の所得の金額とは，当該事業年度の（　　　）の額から当該事業年度の
> （　　　）の額を控除した金額をいう。
>
> ＜語　群＞　　収益，　益金，　収入，費用，　損金，　損失

【解答】　順に，益金，損金

(2)　益金の額

　「その事業年度の益金の額」とは，別段の定めのあるものを除き，次に掲げるものにかかるその事業年度の**収益の額**をいう。

① **資産の販売**

　資産の販売による収益には，商品や製品の販売による売上高がある。

② **有償による資産の譲渡又は役務の提供**

　有償による資産の譲渡又は役務の提供から生ずる収益には，固定資産の売却による売却益や金銭の貸付による貸付利子などがある。

③ **無償による資産の譲渡又は役務の提供**

　無償による資産の譲渡又は役務の提供から生ずる収益には，固定資産を贈与したときの譲渡益や，金銭を無利息で貸付けた場合の収益などがある。例えば，簿価2,000,000円，時価6,000,000円の土地を贈与したとすると，6,000,000円－2,000,000円＝4,000,000円の譲渡益が生じ，同時に「寄附金」という費用が6,000,000円生じる。

④ **無償による資産の譲受け**

　無償による資産の譲受けには，資産の贈与を受けたときの受贈益などがある。例えば，時価6,000,000円の土地の贈与を受たときには，受贈益という収益6,000,000円が生じる。

⑤ **その他の取引で資本等取引以外のもの**

　上記の①～④以外の取引から生ずる収益で，資本の払込みなどの資本等取引を除く。

　次の各取引による収入金額は，法人税の計算上「益金の額」に該当するか。該当すると認められるものには○印を，該当しないと認められるものには×印を，（　　　）内に記入しなさい。

　　1．所有している株式にかかる配当金の収入金額　（　　　）

　　2．売掛代金の回収金額　　　　　（　　　）

　　3．定期預金の利子収入金額　（　　　）

　　4．社債発行による手取金額　（　　　）

【解答】　　1．○　　2．×　　3．○　　4．×

⑶　**損金の額**

　「その事業年度の損金の額」とは，別段の定めのあるものを除き，次に掲げるものをいう。

①　**その事業年度の収益にかかる売上原価等の原価の額**

　　売上原価等の原価の額には，当期の商品・製品の売上及び工事売上に直接対応して計上される商品・製品の売上原価，建設会社の完成工事原価，譲渡原価などが該当する。

②　**当期の販売費及び一般管理費の額など**

　　当期の販売費及び一般管理費の額などの額には，給料，旅費交通費，水道光熱費等の販売費及び一般管理費の額と営業外費用の額が該当する。税法では，償却費以外の費用で引当金や費用の見越しなど事業年度末までに債務の確定していないものは，原則として損金とならない。しかし，多くの企業で計上している貸倒引当金などに限って，例外的に損金の額に算入することが認められている。

　　さらに税法では，販売費及び一般管理費の諸項目の中には，租税負担の公平から損金の額に算入する限度を設け，無制限に損金の額に算入することを認めていないものもある。例えば，第4章で具体的に学習する「減価償却費」「寄附金」「交際費」「各種引当金繰入額」などが該当する。

　次に掲げる項目のうちに，損金の額に算入できる限度額を定めている項目が4つある。該当する項目の番号を解答欄に記入しなさい。

　　1．水道光熱費　　　2．各種引当金　　　3．交　際　費　　　4．売上原価

　　5．給　　　料　　6．寄　附　金　　　7．旅費交通費　　　8．減価償却費

損金の額に算入できる限度額を定めている項目			

【解答】　　2，3，6，8

---

③　**当期に発生した損失の額で，資本等取引以外のもの**

　　当期に発生した損失の額で，資本等取引以外のものには，火災による損失や盗難による損失などの特別損失が該当する。これらの損失は，収益の発生に対して個別的にも期間的にも対応するものではないので，発生の事実により損金算入を認めている。

> **設 例**
>
> 次の各取引による支出が，法人税の計算上「損金の額」に該当するか否かを判断し，該当するものには○印を，該当しないものには×印を（　　　）に記入しなさい。
>
> 1．借入金の利息支払額　（　　　）
>
> 2．土地代金の支払額　　（　　　）
>
> 3．買掛金の支払額　　　（　　　）

【解答】　1．○　　2．×　　3．×

⑷　資本等取引

　益金の額や損金の額の算定に当たって，資本等取引にかかるものは除外されることになっている。

　資本等取引とは，法人の資本金等の額の増加又は減少を生ずる取引及び法人が行う利益又は剰余金の分配などをいい，**資本金等の額**とは，資本金の額又は出資金の額など株主等から出資を受けた金額をいう。具体的には，増資・減資に関する取引などが該当する。

> **設 例**
>
> 次の文章の（　　　）の中にあてはまる語を，下記の語群から選び，記号で記入しなさい。
>
> 資本等取引とは，法人の（　　　）の額の（　　　）を生ずる取引及び法人が行う（　　　）又は剰余金の分配をいい，資本金等の額とは，（　　　）又は出資金の額など株主等から（　　　）を受けた金額をいう。
>
> | <語　群> | ア．出　　　　資　　　イ．資本金等　　　ウ．増加又は減少　　　エ．利　　益
オ．資本金の額 |
> | --- | --- |

【解答】　順に，イ，ウ，エ，オ，ア

⑸　会計処理の基準と別段の定め

　各事業年度の所得の計算に当たって，益金の額に算入される収益の額や損金の額に算入される原価・費用・損失の額は，**「一般に公正妥当と認められた会計処理の基準」**に従って計算するものとされている。

　企業会計は，正確な期間損益の計算を行うことを目的としているが，これに対して法人税法では，課税の公平性や産業政策上の要請から，企業会計とは別個の取扱を行うことがある。この別個の取扱については，法人税法では特に**「別段の定め」**といわれ，例えば「受取配当金の益金不算入」「一定の引当金の損金算入」「役員賞与金等の損金不算入」などがある。そのため，この別段の定めは，企業会計の利益の金額と法人税による所得の金額に差異が生じる原因となっている。

② 所得金額の算定方法

　法人税法の所得金額は，「益金の額」から「損金の額」を控除して算定されるのに対し，企業会計の当期の利益は「収益の額」から「費用の額」を控除して算定されることになっている。

　　　＜法人税法＞　　「益金の額」－「損金の額」＝「所得金額」
　　　＜企業会計＞　　「収益の額」－「費用の額」＝「当期利益」

　法人税法の所得金額と企業会計の当期利益とは，別々に算定されるように思われるが，実際にはそのようなことはなく，会社が計算した当期利益の金額に，企業会計上の収益・費用と法人税法上の益金・損金の範囲が違う点を調整（プラス・マイナス）して算出することになっている。このように，法人税法においては，所得金額は，企業会計の確定した決算に基づく当期利益を基準にして算出することになる。このことを**「確定決算主義」**という。

　法人税法の所得金額の調整項目として，当期利益にプラスすることを「加算」，当期利益からマイナスすることを「減算」という。この調整は，法人税の申告のときに行うことから**「申告調整」**といわれる。

　当期利益を調整する項目には，**「益金算入」「益金不算入」「損金算入」「損金不算入」**の４つがある。なお，個々の具体例についてはそれぞれの該当する章で，さらに，個々の具体例を使用した所得の金額の計算については，第５章の「法人税額の計算」のところで詳しく学習する。

　①　益金算入項目……会計上は収益ではないが，税法上は益金となるもの
　　　　　　　　　　　　（例：各種引当金の取崩し額の不足額の益金算入など）
　②　益金不算入項目……会計上は収益となるが，税法上は益金とはならないもの
　　　　　　　　　　　　（例：受取配当等の益金不算入など）
　③　損金算入項目……会計上は費用ではないが，税法上は損金となるもの
　　　　　　　　　　　　（例：繰越欠損金の損金算入など）
　④　損金不算入項目……会計上は費用となるが，税法上は損金とはならないもの
　　　　　　　　　　　　（例：法人税額等の損金不算入など）

　以上のことを図解すると，次のようになる。

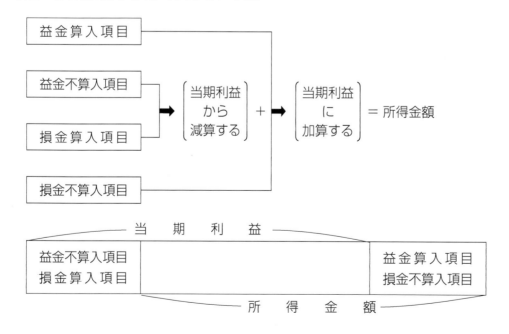

したがって，当期利益と所得金額の関係を式で示すと，次のようになる。

$$当期利益 + \begin{cases} 益金算入項目 \\ 損金不算入項目 \end{cases} - \begin{cases} 益金不算入項目 \\ 損金算入項目 \end{cases} = 所得金額$$

設 例

次の資料により，当期の所得金額を計算しなさい。

1. 当期利益の額　　50,630,000円
2. 益金算入額　　　3,728,000円
3. 益金不算入額　　1,946,500円
4. 損金算入額　　　5,493,000円
5. 損金不算入額　　41,781,500円

円	+ (	円	+	円	) − (	円

+	円	) =	円

【解答】　50,630,000円 + (3,728,000円 + 41,781,500円) − (1,946,500円 + 5,493,000円) = 88,700,000円

3 決算調整事項と申告調整事項

　2の調整計算は，申告書別表四「所得金額の計算に関する明細書」という申告書の上で行う。税法には，多くの益金・損金について，会社が収益・費用として計算していなければ認めないもの（決算調整事項）と，申告書別表四により調整すれば認められるもの（申告調整事項）とがある。

(1) 決算調整事項

　決算調整事項は，法人が決算において所定の経理をしなければならない事項で，法人が確定した決算で経理をしなかった場合には，税法上，所得金額の計算に影響させないこととなる事項である。

　次のような事項は，会社が決算で費用又は損失として経理した場合に損金の額に算入されることになっており，申告書別表四で調整することは認められない。

a．減価償却費の損金算入

b．繰延資産の償却費の損金算入

c．少額減価償却資産の一時損金算入

d．少額繰延資産の一時損金算入

e．一括償却資産の損金算入

f．各種引当金の損金算入

g．使用人兼務役員の使用人分賞与の損金算入

h．役員退職給与の損金算入

i．圧縮記帳の損金算入

j．特定の場合の貸倒損失の損金算入

k．特定の場合の資産評価損の損金算入

　など

⑵　**申告調整事項**

申告調整事項は，会社の経理処理に関係なく，申告書により調整して所得計算に含める事項である。

①　**申告書に記載がないと認められないもの**

次のような事項は，申告書別表四に記載がある場合に限り認められる。申告書別表四に記載しなかった場合には，修正申告をしてあらためて申告調整することはできず，また更正の請求の対象にもならない。

㋐　所得金額から控除されるもの

　　ａ．受取配当等の益金不算入

　　ｂ．収用換地等の場合の所得の特別控除

　　　　など

㋑　税額から控除されるもの

　　ａ．所得税額及び外国税額の税額控除

　　ｂ．法人税額の特別控除（試験研究費控除等）

　　　　など

②　**必ず申告調整をしなければならないもの**

次のような事項は，必ず申告書別表四で加算・減算の調整をしなければならない。申告調整が行われなかった場合には，税務署で調整計算を行い，更正の対象となる。

　ａ．法人税及び法人住民税の損金不算入

　ｂ．各種加算税，延滞税，罰科金等の損金不算入

　ｃ．減価償却資産や繰延資産の償却超過額の損金不算入

　ｄ．交際費や寄附金の損金算入限度超過額の損金不算入

　ｅ．各種圧縮記帳の圧縮限度超過額の損金不算入

　ｆ．各種引当金，準備金の繰入限度超過額の損金不算入

　ｇ．還付金等の益金不算入

　ｈ．過大役員報酬，役員賞与及び過大役員退職給与の損金不算入

　ｉ．税額控除される所得税額や外国税額の損金不算入

　ｊ．青色申告事業年度の欠損金の損金算入

　　　など

練 習 問 題

1．次の各取引による収入が，法人税の計算上「益金の額」に該当するか否かを判断し，該当するものには○印を，該当しないものには×印を（　　　）に記入しなさい。

① 新株発行増資取引 （　　　）　　　③ 不用備品の売却取引 （　　　）

② 製品の販売取引 （　　　）　　　④ 貸付金回収取引 （　　　）

2．次の各取引による支出が，法人税の計算上「損金の額」に該当するか否かを判断し，該当するものには○印を，該当しないものには×印を（　　　）に記入しなさい。

① 使用人に臨時賞与を支給した取引 （　　　）

② 証券会社から購入した株券代金を支払った取引 （　　　）

③ 株主総会で可決承認した利益配当金を支払った取引 （　　　）

3．次の諸項目は，練馬商事株式会社の販売費及び一般管理費の中から抜き出したものであるが，この中には各事業年度の所得の金額の計算上，損金の額に算入できる限度額が定められているものが4つある。該当する項目を選び，解答欄に番号で記入しなさい。

1．給　料　　2．貸倒引当金繰入　　3．旅費交通費　　4．減価償却費　　5．通信費

6．寄附金　　7．水道光熱費　　8．福利厚生費　　9．消耗品費　　10．交際費

<解答欄>

4．次の文章の（　　　）の中にあてはまる語を，下記の語群から選び，記入しなさい。

資本等取引とは，法人の（　　　　）の額の増加又は減少を生ずる取引並びに法人が行う（　　　）又は剰余金の分配及び残余財産の分配又は引渡しをいう。

<語　群>　資本金，　資本金等，　資本積立金額，　損益，　利益，　収益

5．次の資料により，板橋株式会社の所得金額を計算しなさい。

<資　料>

1．当期利益の額　　42,300,300円　　　　4．損金算入額　　　　1,850,000円

2．益金算入額　　　5,400,000円　　　　5．損金不算入額　　27,800,000円

3．益金不算入額　　3,110,000円

［　　　　円］ ＋ （ ［　　　　円］ ＋ ［　　　　円］ ） － （ ［　　　　円］
＋ ［　　　　円］ ） ＝ ［　　　　円］

第3章 「益金の額」の計算

　本章では，所得金額の計算上の「益金の額」に算入される収益（①その収益の計上時期，②益金に算入されない収益，及び益金に算入されない収益のうち特に重要な③受取配当等の益金不算入）について学習する。

１ 収益の計上時期

　企業会計による収益の計上基準は，原則として実現主義を採用している^(注)が，法人税法でも実現主義と内容が同様な「物品等の引渡しの日」または「役務提供を完了した日」に収益を計上する権利確定主義が原則である。

> （注）現在は「収益認識に関する会計基準」が設けられており，法人税法も一部その考え方を取り入れているが，応用論点のため本テキストでは取り扱わない。

(1) 棚卸資産の販売による収益の計上時期

① 通常販売

　商品等の棚卸資産の販売による収益は，代金の受取に関係なく，商品等を相手に引渡したときの事業年度の益金とする（これを**「引渡基準」**という）。「引渡し」の時期の違いによって，次のような基準があるが，棚卸資産の種類などからみて合理的と認められるもので，継続して適用できる基準を選択することになる。

　ⅰ **出 荷 基 準**（出荷した日の属する事業年度の益金とする）

　ⅱ **検 収 基 準**（相手方が検収した日の属する事業年度の益金とする）

　ⅲ **使用収益基準**（相手方において使用収益ができるようになった日の属する事業年度の益金とする）

　ⅳ **検 針 日 基 準**（電気，ガス，水道のようにメーターの検針等により確認できるものは，その検針等をした日の属する事業年度の益金とする）

② 委託販売

　委託販売による収益は，受託者が委託品を販売した日の属する事業年度の益金とする。ただし，売上計算書が販売のつど送付されているときには，継続して適用することを条件に「売上計算書が到達した日」の属する事業年度の益金とする。

③ 割賦販売

　割賦販売による収益は，原則として，商品等を引渡したときの日の属する事業年度の益金とする**「引渡基準」**によって計上する。

(2) 長期大規模工事の請負による収益の計上時期

　長期大規模工事の請負による収益は，工事期間が１年以上で，かつ大規模な工事であること等一定の要件に該当する場合には，工事の進行程度に応じた収益を事業年度の益金として計上する**「工事進行基準」**が強制適用される。なお，長期大規模工事以外の請負工事については，工事進行基準と工事完成基準（工事が完成して引渡しを受けたときにその事業年度の益金に計上する）のいずれかにより各事業年度の益金を計上することができる。

(3) 固定資産の譲渡による収益の計上時期

　固定資産の譲渡による収益は，その引渡しがあった日の属する事業年度の益金とする。ただし，土

地や建物については，契約効力の発生の日の属する事業年度の益金とすることもできる。

⑷ 有価証券の譲渡による収益の計上時期

有価証券の譲渡による収益は，原則として譲渡に係る契約の成立した日の属する事業年度の益金とする。

⑸ 貸付金・預貯金・有価証券の利子の計上時期

貸付金，預貯金，有価証券の利子は，原則としてその利子の計算期間の経過に応じた金額を，その事業年度の益金とする。ただし，支払期日が１年以内の一定の期間ごとに到来するものは，その支払のつど，その支払金額をその事業年度の益金とすることもできる。

⑹ 賃貸料

地代家賃等の受取りによる賃貸料は，原則として前受けの場合を除き，契約により支払を受けるべき日として定められた日の属する事業年度の益金とする。

⑺ 受取配当等

受取配当等については，原則として配当決議のあった日の属する事業年度の益金とする。ただし，継続適用を条件として配当等の支払を受けた日の属する事業年度の益金とすることもできる。

⑻ 受贈益及び債務免除益

法人が他の者から資産を無償で譲渡（贈与）された場合には「受贈益」として益金に算入される。また，他の者から資産を低い価額で買った場合，正常な価額（時価）との差額についても贈与を受けたと認められ「受贈益」として益金に算入される。

なお，他の者に対する債務の全部又は一部について，切捨て・免除などを受けた場合には，「債務免除益」として益金に算入される。

```
┌─ 設 例 ──────────────────────────────────────────────┐
```

次の文章の（　　　）の中にあてはまる語を，下記の語群から選び，記号で記入しなさい。

1．商品等の棚卸資産の販売による収益は，（　　　）の受取に関係なく，商品等を相手に（　　　）
したときの事業年度の益金とする「（　　　）」により計上する。

　「引渡し」の時期の違いによって，（　　　）した日の属する事業年度の益金とする「出荷基準」，
相手方が検収した日の属する事業年度の益金とする「（　　　）」，及び相手方において（　　　）
ができるようになった日の属する事業年度の益金とする「使用収益基準」などのうち，棚卸資
産の種類などからみて（　　　）と認められるもので，（　　　）して適用できる基準を選択す
ることになる。

＜語　群＞	ア．検収基準	イ．引渡基準	ウ．合理的	エ．出　荷
	オ．使用収益	カ．継　続	キ．引　渡	ク．代　金

2．固定資産や有価証券の譲渡による収益は，その（　　　）があった日の属する事業年度の益
金とする。ただし，土地や建物の固定資産については，（　　　）の発生の日の属する事業年度
の益金とすることもできる。

3．貸付金，預貯金，有価証券の（　　　）は，原則としてその利子の（　　　）の経過に応じ
た事業年度の金額を，その事業年度の益金とする。ただし，（　　　）が１年以内の一定の期間
ごとに到来するものは，その支払のつど，その支払金額をその事業年度の益金とすることもで
きる。

4．地代家賃等は，原則として前受けの場合を除き，（　　　）により支払を受けるべき日として
定められた日の属する事業年度の益金とする。

5．受取配当等については，原則として（　　　）のあった日の属する事業年度の益金とする。
ただし，継続適用を条件として配当等の（　　　）を受けた日の属する事業年度の益金とする
こともできる。

＜語　群＞	ケ．配当決議	コ．引　渡	サ．計算期間	シ．契　約
	ス．契約効力	セ．支払期日	ソ．利　子	タ．支　払

【解答】　1－ク，キ，イ，エ，ア，オ，ウ，カ

　　　　2－コ，ス　　　　3－ソ，サ，セ　　　　4－シ　　　　5－ケ，タ

2 益金に算入されない収益

次に掲げる収益は，所得金額の計算にあたって，益金の額に算入されない。

(1) 資産の評価益

企業会計では取得原価主義を採用しているため，会社が所有する資産の評価替えによる評価益を計上することは原則として認められない。法人税法でも，評価益の額は企業会計と同じ立場から，また評価益が現金化しておらず担税力がないことからも益金の額には算入せず，その資産の帳簿価額も増額がなかったものとみなされる。

ただし，会社更生法，会社の組織変更などの規定に基づく評価替えなど一定の場合にのみ資産の評価替えが認められ，益金の額に算入される。

(2) 還付金等

支払ったときの租税公課が，過納などが原因で還付されることがある。このときには，支払時に損金処理をしたか否かにより，その扱いが異なる。

(イ) 法人税・都道府県民税・市区町村民税など，支払時に損金に算入されない租税公課についての還付金等は，益金の額に算入しない。

(ロ) 事業税など支払時に損金に算入される租税公課についての還付金等および還付加算金等は，益金の額に算入する。

(3) 受取配当等

受取配当等の額のうち一定のものについては，益金の額に算入しない。受取配当等については次項で学習する。

設 例

次に掲げる収益を，益金となるものと益金にならないものに区分して，解答欄に番号を記入しなさい。

1. 法人税（本税）の還付金　　2. 預金の利息
3. 有価証券の売却益　　　　　4. 貸倒引当金の戻入額

益 金 と な る も の				
益金とならないもの				

【解答】 益 金 と な る も の－2，3，4
　　　　 益金とならないもの－1

3 受取配当等の益金不算入

(1) 受取配当等の益金不算入の意義

　株主に対する配当等は，法人税を控除した残りの利益を処分するという形で支払われている。したがって，配当等は課税済みのもので，この配当等を受取った会社で収益として処理し，利益を計算すると二重課税になる。個人には，所得税法において配当控除の制度があるように，法人には，法人税法において「内国法人が，他の内国法人から受ける配当等の金額は，所得金額の計算に当たっては，益金の額に算入しない」という**「受取配当等の益金不算入」**の制度が設けられている。

(2) 受取配当等の範囲と金額

① 益金不算入の計算の対象となる金額

　益金不算入の計算の対象となる受取配当等の計算は，受取配当等を株式等保有割合に応じ，下記の株式等に区分して計算をする。

ａ．完全子法人株式等及び関連法人株式等に係る受取配当等

　完全子法人株式等（株式等保有割合100％）及び**関連法人株式等**（株式等保有割合３分の１超100％未満）については，受取配当等の額の**全額**が益金不算入とされる。

ｂ．その他の株式等の受取配当等

　その他の株式等（ａ．ｃ以外の株式等で，株式等保有割合５％超３分の１以下）については，受取配当等の金額の**50％**が益金不算入とされる。

ｃ．非支配目的株式等

　非支配目的株式等（株式等保有割合５％以下）については，受取配当等の金額の**20％**が益金不算入とされる。

② 益金不算入とされる受取配当等の範囲

ａ．剰余金の配当，利益の配当及び剰余金の分配の額

　内国法人の剰余金の配当（株式又は出資に係わるものに限る），利益の配当，剰余金の分配（出資に係わるものに限る）などをいう。

$$\left. \begin{array}{l} \text{剰余金の配当，利益の配当の額} \\ \text{出資に係る剰余金の分配の額等} \end{array} \right\} = \text{受取配当等の金額}$$

ｂ．証券投資信託等の収益の分配の額

　公社債投資信託や証券投資信託（いわゆる株式投信）については，収益の分配の額の全額が益金算入とされる（益金不算入の対象とならない）。

　ただし，特定株式投資信託の収益の分配の額については，株式等と同様に扱い，非支配目的株式等として，その収益の分配の額の**20％**相当額が益金不算入とされる。

③ 益金不算入の対象とならない受取配当等

ａ．実質的に受取配当等とならないもの

　名称が配当等であっても，剰余金の配当，利益の配当又は剰余金の分配に該当しないものは，益金不算入の対象とならない。これには次のようなものがある。

　　ⅰ基金利息，ⅱ保険会社の契約者配当金，ⅲ公社債投信収益分配金，ⅳ社債利子，
　　ⅴ協同組合等の事業分量配当金，ⅵ外国法人から受けた配当金など

ｂ．短期所有株式等の受取配当等

　配当等の計算期間の末日以前１か月以内に取得して，かつ，末日後２か月以内に譲渡した株式

等（株式，出資，受益証券など）を「**短期保有株式等**」といって，益金不算入の対象外となっている。

設 例

1. 次の資料から，受取配当等として益金不算入の対象となるものとならないものとに判別し，解答欄に番号で記入しなさい。

＜資 料＞

1．A株式会社（内国法人）から受取った確定配当金　　　400,000円
2．B株式会社（内国法人）から受取った建設利息　　　　200,000円
3．C株式会社（内国法人）から受取った中間配当金　　　300,000円
4．D株式会社（外国法人）から受取った確定配当金　　　150,000円
5．E協同組合から受取った事業分量分配金　　　　　　　250,000円
6．F保険会社から受取った契約者配当金　　　　　　　　 80,000円
7．G証券投資信託の収益分配金　　　　　　　　　　　　350,000円
　　（特定株式投資信託の収益分配金ではない）
8．H公社債投資信託の収益分配金　　　　　　　　　　　180,000円

益金不算入の対象と	なる						
	ならない						

2．上記1の資料から，次の2つの場合の益金不算入の金額を求めなさい。

① 受取配当等の元本が，すべてその他の株式等に該当する場合

② 受取配当等の元本が，すべて非支配目的株式等に該当する場合

①の場合

答　　　　　　円

②の場合

答　　　　　　円

【解答】　1．なる－1，3　　　ならない－2，4，5，6，7，8

　　　　2．① （400,000円＋300,000円）×50％＝350,000円　　　答　350,000円

　　　　　② （400,000円＋300,000円）×20％＝140,000円　　　答　140,000円

(3) 受取配当等と源泉徴収税額

　　法人が剰余金の配当等を行う場合には，原則としてその配当等の金額の20%の所得税（地方税なし）を源泉徴収することになっている（上場株式等の配当等の場合には，15%の源泉徴収）。そのため配当等を受取った法人では，源泉徴収後の手取金額となっている。益金不算入の対象となる受取配当等の金額は，源泉徴収後の手取金額ではなく，源泉徴収前の収入金額である。手取金額を源泉徴収前の収入金額になおすには，次の算式による。

手取金額÷（1－源泉徴収税率）＝受取配当等の金額

　　平成25年から令和19年までの配当等については，所得税に復興特別所得税（所得税額の2.1%）が加算され，20.42%の所得税（上場株式等の配当等については，15.315%の所得税）が源泉徴収される。

　　令和5年10月1日以後は，完全子法人株式等及び発行済株式等の3分の1超を保有する株式等に係る配当等については所得税を課さないこととされ，所得税の源泉徴収も廃止される。

設　例

東京商事㈱は，当事業年度中に次の配当金等を受取った。よって，源泉徴収前の受取配当等の金額を計算しなさい。

（手取金額）

①　A 非上場株式　　確定配当金　　　79,580円

②　B 非上場株式　　中間配当金　　　159,160円

③　C 上 場 株 式　　確定配当金　　　338,740円（所得税15.315%源泉徴収後）

①　□□□□□円÷（1－0.□□□）＝□□□□□円

②　□□□□□円÷（1－0.□□□）＝□□□□□円

③　□□□□□円÷（1－0.□□□）＝□□□□□円

受取配当等の金額（①＋②＋③）＝□□□□□円

【解答】　①　79,580円÷（1－0.2042）＝100,000円

　　　　　②　159,160円÷（1－0.2042）＝200,000円

　　　　　③　338,740円÷（1－0.15315）＝400,000円

　　　　　受取配当等の金額（①＋②＋③）＝700,000円

4 負債利子の控除

(1) 負債利子の控除の意義

　法人が配当等の元本となる株式等を取得する方法としては，自己資金で購入する場合もあるが，銀行などの金融機関から借入などで購入する場合もある。借入金等で購入した株式等に配当等があったときには，その借入金等の利子は，受取配当等という収益に対応する費用といえる。そこで，受取配当等に係る収益の益金不算入額を計算するにあたっては，費用となる借入金等の利子と二重控除にならないようにその利子を受取配当等から控除して計算するものとしている。この借入金等の利子を「負債利子」という。

　なお，益金不算入額の計算にあたり負債利子の控除が必要となるのは，**関連法人株式等**のみについてである。

(2) 負債利子があるときの受取配当等の益金不算入額

　負債利子があるときの受取配当等の益金不算入額は，次のようになる。

① 完全子法人株式等……受取配当等の額の全額が益金不算入となる。

② 関連法人株式等……(受取配当等の額−負債利子の額) の全額が益金不算入となる。

③ その他の株式等……受取配当等の額の50%が益金不算入となる。

④ 非支配目的株式等……受取配当等の額の20%が益金不算入となる。

(3) 控除すべき負債利子の額の計算

　控除する負債の利子の額は，関連法人株式等に係る配当等の額の４％相当額（負債利子額の10％相当額を限度）となる。

設 例

　紅梅株式会社の次の資料に基づき，当期（自令和6年4月1日　至令和7年3月31日）における受取配当等の益金不算入額を計算しなさい。

1．当期中の受取配当等の内訳

　(イ)　節分株式会社（関連法人株式等）より受取った配当金手取額300,000円

　(ロ)　立春証券投資信託（特定株式投資信託）の収益分配金手取額677,480円（特別分配金は含まれていない。15.315%の税率による源泉徴収後）

2．上記1(イ)に係る負債利子の額　　12,000円

　①　受取配当等の額

　　(イ)　関連法人株式等　[　　　　　円]

　　(ロ)　特定株式投資信託　[　　　　　円] ÷ (1 − [0.　　]) = [　　　　　円]

　②　益金不算入額

（受取配当等の額）　　　　　（控除する負債の利子）

$$\left(\boxed{\qquad 円} - \boxed{\qquad 円} \right) + \boxed{\qquad 円} \times \boxed{\qquad \%}$$

$$= \boxed{\qquad 円}$$

【解答】　①　受取配当等の額

　　(イ)　関連法人株式等　[　300,000円　]

　　(ロ)　特定株式投資信託　[　677,480円　] ÷ (1 − [0.15315]) = [　800,000円　]

　②　益金不算入額

$$(300,000円 - 12,000円) + 800,000円 \times 20\% = 448,000円$$

（注）特定株式投資信託は，非支配目的株式等と同様に取り扱う。

練 習 問 題

1．次に掲げる項目を，益金となるものと益金とならないものとに区別して，該当する解答欄に番号を記入しなさい。なお，解答欄の枠は必ずしも解答数とは一致していないので注意すること。

1．法人税（本税）の還付金額　　2．貸倒引当金の戻入額　　3．売掛代金の回収額
4．社債を発行した際に払込まれた金額　　5．定期預金の利子収入額　　6．製品の販売収入金額
7．不用備品の売却収入金額　　8．新株を発行した際に払込まれた金額

益 金 と な る も の							
益金とならないもの							

2．次の資料から，受取配当等として益金不算入の対象となるものとならないものとを判別して，その番号を解答欄に記入しなさい。なお，解答欄の枠は必ずしも解答数とは一致していないので注意すること。

＜資　料＞
(1)　内国法人であるA株式会社から受取った金銭配当
(2)　B信用金庫から受取った出資に係る剰余金の分配
(3)　C保険会社から受取った契約者配当金
(4)　D公社債投資信託の収益の分配として受取った分配金

益金不算入の対象と	な　　る				
	ならない				

3．次の資料に基づき，アサヒ株式会社の当期（自令和6年4月1日　至令和7年3月31日）における受取配当等の益金不算入額を計算しなさい。

(1)　当期中の受取配当等の内訳は次のとおり。
①　甲株式会社（関連法人株式等）に係る配当金収入　　　900,000円
②　乙株式会社（その他の株式等）に係る配当金収入（20.42％の所得税源泉徴収後の金額）
79,580円
(2)　上記(1)①に係る負債利子の額　36,000円
①　受取配当等の額

4．次の資料に基づき，ABC株式会社の当期における受取配当等の益金不算入額を計算しなさい。

(1) 当期中の受取配当等の内訳は次のとおりである。

① 甲株式会社（完全子法人株式等，非上場株式）に係る配当金収入   450,000円

② 乙株式会社（非支配目的株式等，上場株式）に係る配当金収入（15.315%の源泉徴収後の金額）

    254,055円

(2) 上記(1)②に係る負債利子の額   4,055円

① 受取配当等の額

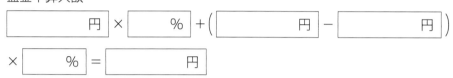

(イ) 甲株式 [　　　　] 円

(ロ) 乙株式 [　　　　] 円 ÷ (1 − [0.　　]) = [　　　　] 円

② 益金不算入額

[　　　　] 円 × [　] % + ([　　　　] 円 − [　　　　] 円)

× [　] % = [　　　　] 円

corporation tax

EIKOSHO

1．(P.10)

1	ケ	2	ウ	3	ア	4	キ	5	カ	6	イ	7	ク
8	オ	9	エ										

2．(P.11)　ア－6　　イ－9　　ウ－8　　エ－2　　オ－1　　カ－4　　キ－10

　　　　　　ク－5　　ケ－3　　コ－7

3．(P.11)

①	エ	②	ア	③	ア	④	ア	⑤	エ	⑥	ア

4．(P.12)　(1)　**株主，　　社員，　　出資者**

　　　　　　(2)　**公益法人等，　　人格のない社団等**

　　　　　　(3)　**会計期間**

5．(P.12)　(1)　**内国，　　本店**

　　　　　　(2)　**公益法人等，　　人格のない社団等**

　　　　　　(3)　**代表者，　　管理人**

第2章　所得金額の計算

1．(P.19)　①－×　　②－○　　③－○　　④－×

2．(P.19)　①－○　　②－×　　③－×

3．(P.19)

2	4	6	10

4．(P.19)　**資本金等，利益**

5．(P.19)　42,300,300円 ＋（ 5,400,000円 ＋ 27,800,000円 ）－（ 3,110,000円

　　　　　＋ 1,850,000円 ）＝ 70,540,300円

第3章　「益金の額」の計算

1．(P.29)

益金となるもの	2	5	6	7
益金とならないもの	1	3	4	8

2．(P.29)

な　る	1	2
ならない	3	4

3.（P.29） ① 受取配当等の額

    ㋑ 関係法人株式等   900,000 円

    ㋺ その他の株式等   79,580 円 ÷（1 − 0.2042 ）= 100,000 円

  ② 益金不算入額

$$（\ 900,000\ 円\ −\ 36,000\ 円\ ）+\ 100,000\ 円\ ×\ 50\ \%$$

$$=\ 914,000\ 円$$

4.（P.30） ① 受取配当等の額

  ㋑ 甲株式

     450,000 円

  ㋺ 乙株式

     254,055 円 ÷（1 − 0.15315% ）= 300,000 円

  ② 益金不算入額

$$450,000\ 円\ ×\ 100\ \%\ +（\ 300,000\ 円\ −\ 0\ 円\ ）×\ 20\ \%$$

$$=\ 510,000\ 円$$

（注）乙株式は非支配目的株式等に該当するため，益金不算入額の計算にあたり負債利子を控除する必要はない。

第4章 「損金の額」の計算

1.（P.35）

1	4	6	8

2.（P.35）

算　　　　　　　式	取 得 原 価
5,500,000円＋30,000円＋115,000円＋220,000円	5,865,000 円

3.（P.36）

	期末評価額	売 上 原 価	売上総利益
先 入 先 出 法	47,500 円	56,500 円	46,000 円
総 平 均 法	46,800 円	57,200 円	45,300 円
最終仕入原価法	47,700 円	56,300 円	46,200 円

4.（P.36）　**最終仕入原価法**

5.（P.36）　**2，　最終仕入原価法**

２．有価証券の譲渡

1.（P.39）

5	8

2.（P.39）

3	7

3.（P.39）　**移動平均法**

4.（P.39）

総平均単価 ＝ $\dfrac{\boxed{1,650,000\text{円}} + \boxed{4,250,000\text{円}}}{\boxed{30\text{株}} + \boxed{50\text{株}}}$ ＝ 　73,750 円

譲渡原価 ＝ 　73,750 円 × 　40 株 ＝ 　2,950,000 円

３．減価償却資産の償却

1.（P.50）

2	3	4	7

2.（P.50）

1	○	2	×	3	○	4	×

3.（P.50）

	計 算 過 程	見積耐用年数
(1)	（5年－4年)＋4年×0.2＝1.8年	2 年
(2)	（24年－5年)＋5年×0.2＝20年	20 年

4.（P.50）　**定額法**

5.（P.51）

借方科目	金　額	貸方科目	金　額
建　　　　物	2,400,000	現　　　　金	3,600,000
修　　繕　　費	1,200,000		

6.（P.51）

種類細目	計　算　過　程	金　額
建　物（本社）	60,000,000円×0.023×$\frac{4}{12}$	460,000 円
建　物（工場）	38,000,000円×0.9×0.039	1,333,800 円
機　械　装　置	（8,800,000円＋200,000円)×0.250	2,250,000 円
車　両　運　搬　具	2,550,000円×0.400	1,020,000 円
器　具　備　品　A	2,400,000円×0.333×$\frac{6}{12}$	399,600 円
器　具　備　品　B	**少額減価償却資産（98,000＜100,000)**	98,000 円

４．繰延資産の償却

１．（P.54）

○	×

２．（P.54）

2	4	6	7	9	10

５．資産の評価損

（P.57）　○

６．役員の給与等

１．（P.60）

役員となるもの	2	4	5	7	8
役員とならないもの	1	3	6		

２．（P.60）

役員報酬 　$\boxed{19,000,000 \text{円}} - \boxed{18,000,000 \text{円}} = \boxed{1,000,000 \text{円}}$

役員賞与 　$\boxed{8,500,000 \text{円}}$

役員退職金 　$\boxed{5,000,000 \text{円}} - \boxed{4,500,000 \text{円}} = \boxed{500,000 \text{円}}$

３．（P.61）

1	○	2	○	3	×	4	×	5	○

７．寄附金

（P.65）

(1) 寄附金支出前所得金額

$\boxed{5,540,000 \text{円}} \oplus \boxed{500,000 \text{円}} = \boxed{6,040,000 \text{円}}$

（＋，－のいずれかを○で囲む）

(2) 資本基準額

$\boxed{70,000,000 \text{円}} \times \dfrac{12}{12} \times \dfrac{2.5}{1,000} = \boxed{175,000 \text{円}}$

(3) 所得基準額

$\boxed{6,040,000 \text{円}} \times \dfrac{2.5}{100} = \boxed{151,000 \text{円}}$

(4) 損金算入限度額

$\left(\boxed{175,000 \text{円}} + \boxed{151,000 \text{円}} \right) \times \dfrac{1}{4} = \boxed{81,500 \text{円}}$

(5) 損金不算入額

$\boxed{500,000 \text{円}} - \boxed{81,500 \text{円}} = \boxed{418,500 \text{円}}$

8. 租税公課および罰科金

1.（P.68）　1－×　　2－○　　3－○　　4－×　　5－○　　6－×

　　　　　　7－○　　8－○　　9－×　　10－×

2.（P.68）　(1)－×　　(2)－○

3.（P.68）

	借 方 科 目	金　　額	貸 方 科 目	金　　額
(1)	仮 払 法 人 税 等	2,800,000	当 座 預 金	2,800,000
(2)	法 人 税 等	7,000,000	未 払 法 人 税 等	4,200,000
			仮 払 法 人 税 等	2,800,000
(3)	未 払 法 人 税 等	4,200,000	当 座 預 金	4,370,000
	租 税 公 課	170,000		

9. 交際費等

1.（P.71）　×

2.（P.71）　交際費等の金額　　3,000,000 円 ＋ 3,500,000 円 ＋ 2,300,000 円

　　　　　　＝ 8,800,000 円

損金算入限度額

(1) 定 額 控 除 額　　8,000,000 円 × $\dfrac{12}{12}$ ＝ 8,000,000 円

(2) 接待飲食費の50%　　3,000,000 円 × 50% ＝ 1,500,000 円

(3) (1) $\underset{\bigcirc}{\overset{\leqq}{}}$ (2)　　よって　8,000,000 円

　（いずれかに○）

損金不算入額　　8,800,000 円 － 8,000,000 円 ＝ 800,000 円

10. 圧縮記帳

1.（P.77）

	借　　　　方	金　　額	貸　　　　方	金　　額
1	現　　　　金	12,000,000	国庫補助金収入	12,000,000
2	土　　　　地	15,000,000	現　　　　金	15,000,000
3	固 定 資 産 圧 縮 損	12,000,000	土　　　　地	12,000,000

2.（P.77）　保険差益の額　（ 10,000,000 円 － 500,000 円 ）－ 3,000,000 円

　　　　　　＝ 6,500,000 円

圧縮限度額

6,500,000 円 × $\dfrac{9{,}500{,}000\ 円 \quad （分母を限度とする）}{10{,}000{,}000\ 円 － 500{,}000\ 円}$ ＝ 6,500,000 円

3.（P.77）

	借　　方	金　　額	貸　　方	金　　額
1	土　　　　地	11,000,000	土　　　　地	4,000,000
			現　　　　金	1,000,000
			交　換　差　益	6,000,000
2	固定資産圧縮損	6,000,000	土　　　　地	6,000,000

12. 引当金

1.（P.82）

対 象 と な る 債 権	2	4	5	7	8	10
対象とならない債権	1	3	6	9		

2.（P.83）

① 期末金銭債権の額

$$\left(\boxed{22,500,000円} + \boxed{6,500,000円} \right) + \left(\boxed{24,000,000円} - \boxed{900,000円} \right)$$

$$+ \boxed{2,500,000円} = \boxed{54,600,000円}$$

② 繰入限度額

$$\boxed{54,600,000円} \times \dfrac{\boxed{10}}{\boxed{1,000}} = \boxed{546,000円}$$

3.（P.83）

① 個別評価による貸倒引当金繰入限度額（形式基準による）

$$\boxed{1,200,000円} \times \dfrac{\boxed{50}}{100} = \boxed{600,000円}$$

② 一括評価による貸倒引当金繰入限度額（法定繰入率による）

期末金銭債権の額 　$\boxed{15,400,000円} - \boxed{1,200,000円} + \boxed{41,250,000円}$

$$- \boxed{600,000円} = \boxed{54,850,000円}$$

繰 入 限 度 額 　$\boxed{54,850,000円} \times \dfrac{\boxed{8}}{1,000} = \boxed{438,800円}$

③ 貸倒引当金繰入限度額 　$\boxed{600,000円} + \boxed{438,800円} = \boxed{1,038,800円}$

13. 欠損金の繰越控除

1.（P.86）

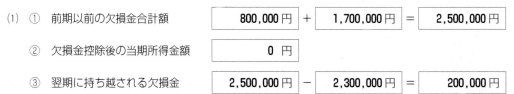

(1) ① 前期以前の欠損金合計額　$\boxed{800,000円} + \boxed{1,700,000円} = \boxed{2,500,000円}$

② 欠損金控除後の当期所得金額　$\boxed{0円}$

③ 翌期に持ち越される欠損金　$\boxed{2,500,000円} - \boxed{2,300,000円} = \boxed{200,000円}$

(2) ① 前期以前の欠損金合計額　　　800,000 円　＋　1,200,000 円　＝　2,000,000 円

　　② 欠損金控除後の当期所得金額　2,300,000 円　－　2,000,000 円　＝　300,000 円

　　③ 翌期に持ち越される欠損金　　　　0 円

第5章　法人税額の計算

1．(P.95)　(1) 100分の23.2　(2) 1億円，年8百万円，100分の15

2．(P.95)

　1．課税所得金額　　72,400,500 円　＋　(8,500,000 円　＋　31,850,000 円)

　　　　　　　　－ (4,650,000 円　＋　1,240,000 円)　＝　106,860,500 円

　　　　　　　　　　　　1,000円未満の端数切（**捨　て**）　∴　106,860,000 円

　2．当期法人税額　　106,860,000 円　×　23.2 %　＝　24,791,520 円

　3．納付すべき法人税額　24,791,520 円　－　1,564,000 円　－　19,450,000 円　＝　3,777,520 円

　　　　　　　　　　　　100円未満の端数切（**捨　て**）　∴　3,777,500 円

3．(P.96)

I　所得金額の計算

摘　　　　　　　要		金　　額
当　　期　　利　　益		20,500,000 円
加算	損金の額に算入した中間納付の法人税額	6,240,000 円
	損金の額に算入した中間納付の県民税及び市民税額	899,000 円
	損金の額に算入した納税充当金	4,600,000 円
	役員賞与の損金不算入額	5,724,050 円
	小　　　　　計	17,463,050 円
減算	前期分器具備品減価償却超過額の当期認容額	621,100 円
	納税充当金から支出した前期分事業税額	457,000 円
	小　　　　　計	1,078,100 円
仮　　　　　　　計		36,884,950 円
法人税から控除される所得税額		672,150 円
合　計・総　計・差　引　計		37,557,100 円
所　　得　　金　　額		37,557,100 円

Ⅱ．納付すべき法人税額の計算

(1) 年800万円以下の所得金額に対する税額

$$\boxed{8,000,000\ 円} \times \dfrac{\boxed{12}}{12} \times \boxed{15\ \%} = \boxed{1,200,000\ 円}$$

(2) 年800万円を超える所得金額に対する税額

① $\left(\boxed{37,557,100\ 円} - \boxed{8,000,000\ 円} \times \dfrac{\boxed{12}}{12}\right) = \boxed{29,557,100\ 円}$

1,000円未満の端数切（**捨 て**） ∴ $\boxed{29,557,000\ 円}$

② $\boxed{29,557,000\ 円} \times \boxed{23.2\ \%} = \boxed{6,857,224\ 円}$

(3) 納付すべき法人税額

$\left(\boxed{1,200,000\ 円} + \boxed{6,857,224\ 円}\right) - \boxed{672,150\ 円} = \boxed{7,385,074\ 円}$

100円未満の端数切（**捨 て**） ∴ $\boxed{7,385,000\ 円}$

$\boxed{7,385,000\ 円} - \boxed{6,240,000\ 円} = \boxed{1,145,000\ 円}$

第6章　同 族 会 社

1．(P.100) **3，　　個人，　　100分の50**

2．(P.100) (1) － **✕**　　　(2) － **○**　　　(3) － **○**

3．(P.100) 上位3株主グループ

第1順位株主（**秋 山 一 郎**）　持株数（　**1,300** 株）
第2順位株主（**春 山 二 郎**）　持株数（　　**500** 株）
第3順位株主（**冬 山 五 郎**）　持株数（　　**400** 株）
　　　　　　　　　　　　　　　計（　**2,200** 株）

判定 $\dfrac{\boxed{2,200\ 株}}{\boxed{2,500\ 株}} \times 100 = \boxed{88\ \%}$ ∴ **同族**

4．(P.101)　1 － **4**　　2 － **6**　　3 － **2**　　4 － **5**　　5 － **1**　　6 － **3**

第7章　法人税の申告と納税

1．(P.105)

1	オ	2	ク	3	ウ	4	ケ	5	エ
6	ア	7	カ	8	イ	9	キ		

2．(P.105)

1	✕	2	○	3	✕	4	○	5	○

第4章 「損金の額」の計算

　本章では，所得金額の計算上の「損金の額」に算入される費用及び損失の各項目について学習する。なお，この「損金の額」に算入される費用及び損失は債務確定主義を原則としており，別段の定めのある場合を除き，一般に公正妥当と認められる会計処理の方法にしたがって計算する。したがって，企業会計の費用及び損失とほぼ同じであり，その範囲は非常に広く，法人税上の一番重要な部分である。

1 棚卸資産の譲渡

(1) 棚卸資産の意義と売上原価の計算

　棚卸資産とは，商品，製品，半製品，仕掛品，原材料その他の資産（有価証券を除く）で棚卸をすべきものをいい，売却時や消費時に費用化するものである。この費用化したものが「損金」として計上される。この「損金」の中で大きなウエイトを占めるのが，売上高に対応する売上原価である。商品販売業の場合の売上原価は，次の算式により計算される。

期首商品棚卸高＋当期純仕入高－期末商品棚卸高＝売上原価

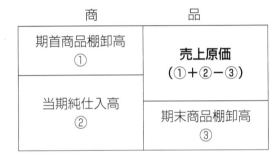

(2) 棚卸資産の範囲

　法人税法による棚卸資産には，次のようなものがある。

i 商品又は製品（副産物及び作業屑を含む）

ii 半製品

iii 仕掛品（半成工事を含む）

iv 主要原材料

v 補助原材料

vi 消耗品・貯蔵品

vii i～viに掲げた資産に準ずるもの

設　例

　次に掲げる資産のうち，棚卸資産に該当するものを6つ選択し，解答欄に番号で記入しなさい。

1．製 品　　2．備 品　　3．仕掛品　　4．運搬具　　5．商 品

6．原材料　　7．消耗品　　8．株 券　　9．半製品　　10．工 具

解答欄						

【解答】　1，3，5，6，7，9

(3) 棚卸資産の取得価額（又は取得原価）

棚卸資産の取得価額は，①購入，②製造，③贈与などの場合により，次のようになる。

① 購　入

購入した棚卸資産の取得価額は，原価として購入代価に付随費用（引取運賃，荷役費，運送保険料，購入手数料，関税など）を加えた金額とする。

取得価額＝購入代価＋付随費用

② 自社製造

自社で製造した資産の取得価額には，製品製造のために要した材料費，労務費，経費のほかに，これを消費するために直接要した費用が含まれる。

③ 贈与など

贈与などで取得したときの取得原価は，取得したときの時価に付随費用を加えた金額とする。

設　例

次の費用のうち，棚卸資産の取得原価を構成すべきものを4つ選び，解答欄に記入しなさい。

| 1．販売運賃 | 2．引取運賃 | 3．販売手数料 | 4．引取運送保険料 |
| 5．通信費 | 6．関　税 | 7．広告宣伝費 | 8．購入手数料 |

解答欄				

【解答】　2，4，6，8

(4) 棚卸資産の評価方法

① 評価方法の届出

棚卸資産の評価方法は，事業の種類と資産の種類に応じて次の②に掲げた評価方法から選び，確定申告書の提出期限までに税務署長に届出しなければならない。

② 評価方法

評価方法には，a）原価法と　b）低価法がある。

a）原価法

原価法には次の方法がある。なお，本書ではこのうち，基本的な㊑**先入先出法**，㊃**総平均法**，㊁**移動平均法**および㊭**最終仕入原価法**を学習する。

㊞　個別法

㊑　先入先出法

先に仕入れたものから順次払出していくという仮定に基づくので，期末棚卸高は，期末に最も近い時期に仕入れた単価を順次棚卸数量に乗じることで計算する方法である。

㊃　総平均法

一期間の仕入原価合計（期首棚卸高を含む）を一期間の仕入数量合計（期首棚卸数量を含む）で除して一期間の平均単価を求め，その平均単価を期末棚卸数量に乗じて期末棚卸高を求める方法である。一般には，1か月の平均単価をその毎月末に求めて決算月の期末棚卸高を求めるのが通常である。

$$\frac{期首棚卸高＋当期仕入高}{期首棚卸数量＋当期仕入数量}＝平均単価$$

平均単価×期末棚卸数量＝総平均法による期末棚卸高

(ニ) **移動平均法**

　　仕入のつど移動平均単価を求め，ついで払出のつど払出数量に先に求めた移動平均単価を乗じて，そのつどの払出原価（売上原価）を計算する方法である。期末棚卸高は，最後に仕入れた際の移動平均単価に期末棚卸数量を乗じて求めた金額となる。

(ホ) **最終仕入原価法**

　　一期間の最後に仕入れた単価（**「最終仕入単価」**という）を期末棚卸数量に乗じて期末棚卸高を計算する方法で，非常に簡単な方法である。

最終仕入単価×期末棚卸数量＝最終仕入原価法による期末棚卸高

(ヘ) 売価還元法

b）低価法

　　低価法とは，上記のａの原価法で評価した期末棚卸高の価額（これを「原価」と略称する）と期末の時価と比較し，いずれか低い方の価額で評価する方法をいう。この場合，期末棚卸資産をその種類等の異なるごとに比較する。

次の資料に基づいて，先入先出法，総平均法，及び最終仕入原価法による棚卸資産の期末評価額と売上原価を計算しなさい。

	受　入　れ			払　出　し
前 期 繰 越	200個	@ 95円	19,000円	
第 1 回 仕 入	400個	@120円	48,000円	
第 1 回 払 出				300個
第 2 回 仕 入	500個	@140円	70,000円	
第 2 回 払 出				700個
第 3 回 仕 入	300個	@150円	45,000円	
次 期 繰 越				(400個)

<先入先出法>

期末評価額

$$\left(@\boxed{\quad}円 \times \boxed{\quad}個\right) \times \left(@\boxed{\quad}円 \times \boxed{\quad}個\right)$$

$$= \boxed{\quad}円$$

売上原価

$$19,000円 + 163,000円 - \boxed{\quad}円 = \boxed{\quad}円$$

<総平均法>

$$総平均単価 = \frac{\boxed{\quad}円 + \boxed{\quad}円 + \boxed{\quad}円 + \boxed{\quad}円}{\boxed{\quad}個 + \boxed{\quad}個 + \boxed{\quad}個 + \boxed{\quad}個}$$

$$= \boxed{\quad}円$$

$$期末評価額 = \boxed{\quad}円 \times \boxed{\quad}個 = \boxed{\quad}円$$

売上原価

$$19,000円 + 163,000円 - \boxed{\quad}円 = \boxed{\quad}円$$

<最終仕入原価法>

期末評価額

$$@\boxed{\quad}円 \times \boxed{\quad}個 = \boxed{\quad}円$$

売上原価

$$19,000円 + 163,000円 - \boxed{\quad}円 = \boxed{\quad}円$$

【解答】　<先入先出法>

期末評価額　（@150円×300個）＋（@140円 × 100個）＝59,000円

売 上 原 価　19,000円＋163,000円－59,000円＝123,000円

<総平均法>

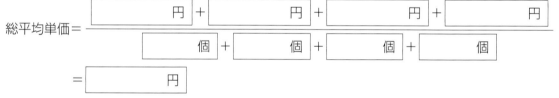

$$総平均単価 = \frac{19,000円 + 48,000円 + 70,000円 + 45,000円}{200個 + 400個 + 500個 + 300個} = 130円$$

期末評価額＝130円×400個＝52,000円

4
「損金の額」の計算

売上原価　19,000円＋163,000円－52,000円＝130,000円

＜最終仕入原価法＞

期末評価額　@150円×400個＝60,000円

売上原価　19,000円＋163,000円－60,000円＝122,000円

(5) 法定評価方法と評価方法の変更

評価方法を選定しなかった場合や選定した方法によらなかった場合には，**最終仕入原価法**による原価法によって計算しなければならない。この評価方法を**「法定評価方法」**という。

評価方法を変更したいときには，新しい方法を適用したい事業年度が始まる日の前日までに，変更したい方法やその理由などを書いた**「変更承認申請書」**を税務署長に提出しなければならない。

設　例

次の文章の（　　）の中にあてはまる語を，下記の語群から選び，記号で記入しなさい。

1. 棚卸資産の評価方法を（　　）しなかった場合や選定した方法によらなかった場合には，法定評価方法としての（　　）によって計算しなければならない。

2. 棚卸資産の評価方法を（　　）したいときには，新しい方法を（　　）したい事業年度が始まる日の（　　）までに，「変更承認申請書」を（　　）に提出しなければならない。

＜語群＞　ア．税務署長　　イ．変更　　ウ．選定　　エ．最終仕入原価法
　　　　　オ．前日　　カ．適用

【解答】　1－ウ，エ　　2－イ，カ，オ，ア

練習問題

1. 次に掲げる資産のうち，棚卸資産に該当するものを4つ選び，解答欄に番号で記入しなさい。

　1．原材料　　2．自社が使用している土地　　3．自家製造した製品製造用機械
　4．仕掛品　　5．工場用建物　　　　　　　6．製品製造中に発生した作業屑
　7．製品運搬用トラック　　8．貯蔵中の消耗品

解答欄				

2. サマー株式会社は，A商品を海外から輸入して，国内の得意先に販売した。その内訳は次のとおりであるが，このA商品の取得原価はいくらか。計算過程を示して答えなさい。

購入代価5,500,000円，輸入運送保険料30,000円，関税115,000円，
引取りのための荷役費用220,000円，販売運送料300,000円，販売代価8,000,000円

算　　　式	取得原価
	円

3. 次の資料に基づいて，先入先出法，総平均法，及び最終仕入原価による棚卸資産の期末評価額，売上原価及び売上総利益を計算しなさい。

	受　　入　　れ			払　　　出　　　し			残高
前 期 繰 越	20個	@500円	10,000円				20個
第 1 回 仕 入	60個	@515円	30,900円				80個
第 1 回 払 出				40個	@900円	36,000円	40個
第 2 回 仕 入	50個	@520円	26,000円				90個
第 2 回 払 出				70個	@950円	66,500円	20個
第 3 回 仕 入	70個	@530円	37,100円				90個

	期 末 評 価 額	売 上 原 価	売 上 総 利 益
先 入 先 出 法	円	円	円
総 平 均 法	円	円	円
最終仕入原価法	円	円	円

4. 次の表の［Ⅰ］欄に該当する方法を［Ⅱ］欄から選びだして［Ⅰ］の（　　　　）内に記入しなさい。

［Ⅰ］　　　　欄	［Ⅱ］　　　欄
商品（棚卸資産）の法定評価方法 （　　　　　　　　　　　　　）による原価法	移 動 平 均 法 最終仕入原価法

5. サマー株式会社は，棚卸資産の評価方法について，かねてより移動平均法を選定していたが，これを当事業年度から先入先出法に変更することとして当事業年度末日に所轄税務署長に対し「変更承認申請書」を提出した。

　したがって，当事業年度の棚卸資産の評価を先入先出法によって行ったところ，35,280,000円と計算された。この評価額に基づき当事業年度の確定申告をすることとしたが，それでよいか，もし不適当な場合はどうなるのか，下欄で答えなさい。なお，当事業年度中は移動平均法の評価計算は行っていなかった。

いずれかの番号を○で囲むこと。 　1．先入先出法でよい。 　2．不適当である。	「不適当」を選んだ場合は，どのような評価方法によるかを示すこと。
	評価方法

② 有価証券の譲渡

(1) 有価証券の意義と譲渡原価の計算

有価証券とは，国債証券，地方債証券，特別法により法人の発行する債券・社債券・株券・受益証券などをいう。

(2) 有価証券の範囲

法人税の有価証券には，次のようなものがある。

i 国債及び地方債

ii 社 債

iii 株 券

iv 証券投資信託の受益証券

v 貸付信託の受益証券

vi その他

設 例

次の資産の中から有価証券に該当するものを5つ選び，解答欄に番号で記入しなさい。

1. 製 品　　2. 国 債　　3. 備 品　　4. 売掛金　　5. 地方債　　6. 株 券
7. 機 械　　8. 社 債　　9. 仕掛品　　10. 貸付信託の受益証券

解 答 欄					

【解答】 2，5，6，8，10

(3) 有価証券の取得価額

有価証券の取得価額は，購入代価や払込金額等に，取得のために要した費用を加算した金額による。

(4) 有価証券の評価方法

有価証券の譲渡原価は，棚卸資産の売上原価の計算と同じように，有価証券の期首繰越高と期中取得額の合計額から法人の選定した評価方法による期末評価額を控除して計算する。

有価証券の譲渡原価＝期首繰越高＋期中取得額－期末評価額

有価証券の期末評価額は，**売買目的有価証券とそれ以外の有価証券**に大別し，売買目的有価証券以外については，その種類ごとに評価方法を選定しなければならない。

① 売買目的有価証券の評価方法

売買目的有価証券の評価方法は，**時価法**による。

② 売買目的外の有価証券の評価方法

満期保有目的等の売買目的外の有価証券の評価方法は，総平均法又は移動平均法による原価法のみで，時価法は採用できない。

③　1単位あたりの評価方法

ａ）総平均法

　有価証券の銘柄別に，次の算式で計算する。

$$1単位あたりの評価額 = \frac{期首繰越金額 + 期中購入金額}{期首繰越数量 + 期中購入数量}$$

ｂ）移動平均法

　有価証券の銘柄別に，購入のつど，次の算式で計算する。

$$1単位あたりの評価額 = \frac{直前の金額 + 購入金額}{直前の数量 + 購入数量}$$

設例

1．次の文章の（　　）の中にあてはまる語を，下記の語群から選び，記号で記入しなさい。

(1)　（　　）有価証券の有価証券の評価方法は（　　）による。

(2)　企業支配株式※及び（　　）有価証券の評価方法は，（　　）又は移動平均法による原価法のみで（　　）は採用できない。

※企業支配株式とは，株式会社の特殊関係株主等が，会社の発行済株式の20％以上を保有している場合のその株式をいう。

＜語群＞	ア．特殊関係株主等	イ．総平均法	ウ．低価法	エ．売買目的
	オ．満期保有目的	カ．原価法	キ．時価法	

2．横浜株式会社の株式の所有状況は次のとおりである。期中で100株を売却したときの譲渡原価を計算しなさい。ただし，有価証券の評価方法は，総平均法による。

　　　期首繰越高　　50株　　　@60,000円
　　　期中購入高　　100株　　　@90,000円

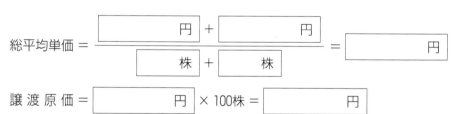

総平均単価 ＝ ──────────── ＝ 　　円
譲 渡 原 価 ＝ 　　円 ×100株 ＝ 　　円

【解答】　1．(1)　エ，キ　　　(2)　オ，イ，キ

2．総平均単価 $= \dfrac{3,000,000円 + 9,000,000円}{50株 + 100株} = 80,000円$

譲 渡 原 価 $= 80,000円 \times 100株 = 8,000,000円$

---

(5)　有価証券評価の方法の届出と法定評価方法

　法人が有価証券を取得したときには，その日の属する事業年度の確定申告書の提出期限までに，上記(4)の評価方法を税務署長に届出をしなければならない。

　評価方法を選定しなかった場合やその選定した方法によらなかった場合には，**法定評価方法**として「**移動平均法による原価法（売買目的有価証券の場合は時価法）**」によって計算しなければならない。

設 例

次の文章の（　　）の中にあてはまる語を，下記の語群から選び，記号で記入しなさい。

1．法人が有価証券を（　　）したときには，その日の属する（　　）の確定申告書の提出
期限までに，その評価方法を（　　）に届出をしなければならない。
2．評価方法を（　　）場合や選定した方法によらなかった場合には，（　　）として「（　　）
による原価法」によって計算しなければならない。

<語　群>　ア．移動平均法　　イ．取　　得　　ウ．選定しなかった
エ．事業年度　　オ．税務署長　　カ．法定評価方法

【解答】（1）イ，エ，オ　　（2）ウ，カ，ア

練 習 問 題

1．次の諸資産につき，有価証券に該当するものを選び，解答欄に番号で記入しなさい。

1．半製品　　2．製品運搬用トラック　　3．役員用執務机　　4．特許権
5．株　券　　6．仕掛品　　7．製品製造用機械　　8．地方債証券

解答欄　|　|　|

2．満期保有目的有価証券（企業支配株式を含む）の期末評価方法について，選定することができる評価方法を下記の中から選び，解答欄に番号で記入しなさい。

1．先入先出法　　2．個　別　法　　3．総　平　均　法　　4．最終仕入原価法
5．後入先出法　　6．単純平均法　　7．移動平均法　　8．売価還元法

解答欄　|　|　|

3．次の表の［Ⅰ］欄に該当する方法を［Ⅱ］欄から選び，［Ⅰ］の（　　）内に記入しなさい。

［Ⅰ］　　欄	［Ⅱ］欄
満期保有目的の有価証券の法定評価方法（　　　　　　　　　　）による原価法	総 平 均 法移 動 平 均 法

4．高崎商事株式会社の有価証券（大阪株式会社株式）の所有状況は次のとおりである。期中で40株を売却したときの譲渡原価を計算しなさい。ただし，有価証券の評価方法は，総平均法による。

期首繰越高　30株　@55,000円　　期中購入高　50株　@85,000円

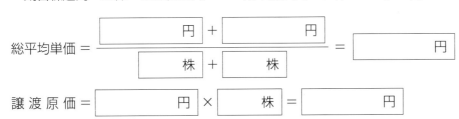

3 減価償却資産の償却

(1) 減価償却資産の償却の意義

建物，構築物，備品などの固定資産は，長期間使用され，順次その価値が減少していく。この価値の減少分を費用として計上させるとともに，固定資産の帳簿価額を減少させる手続きを「**減価償却**」といい，この手続きをとる必要のある資産を「**減価償却資産**」という。この減価償却手続きにより計算される当期の減価償却額を「**減価償却費**」という。

(2) 減価償却資産の範囲

減価償却が必要な資産には，次のようなものがある。

① 有形減価償却資産

建物，構築物，車両運搬具，機械及び装置，船舶，航空機，工具，器具及び備品

② 無形減価償却資産

鉱業権，特許権，実用新案権，意匠権，商標権，のれん，その他

③ 生　物

牛，馬，豚，りんご樹，なし樹，茶樹など

設　例

次に掲げる資産のうち，減価償却資産に該当するものを4つ選び，解答欄に番号で記入しなさい。

1．土　　地　　2．車両運搬具　　3．建　　物　　4．製　　品　　5．器具備品
6．有価証券　　7．原材料　　8．構築物

解答欄				

【解答】　2，3，5，8

(3) 減価償却資産の取得価額（又は取得原価）

減価償却資産の基礎となる取得価額は，その資産を取得し実際に利用するために直接要した一切の費用を合算したものである。

① **購　　入**………購入に要したときの取得価額は，購入代価に引取運賃，荷役費，運送保険料，売買手数料，関税などの付随費用を加算したものである。

取得原価＝購入代価＋付随費用

② **自己製造**………自己製造に要したときの取得原価は，材料費，労務費，経費などの合計額である。

③ **生物など**………生物などを取得したときの取得原価は，購入代金に種付費，種苗費，育成費を加算したものである。

④ **交換や贈与**……交換や贈与で受取った資産の取得原価は，その時価となる。

⑷ 少額減価償却資産の損金算入と非減価償却資産

減価償却資産であっても，その使用可能期間（次項で述べる**「耐用年数」**）が1年未満であるもの，または取得価額が1個又は1組10万円未満であるもの（これを**「少額減価償却資産」**という）は，取得価額を事業の用に供した日の属する事業年度の損金とすることができる。ただし，10万円以上20万円未満の資産については，事業年度ごとに一括して3年間で償却できる方法が選択できる。

さらに，青色申告法人である資本金1億円以下等の要件を満たす中小企業者等が，令和8年3月31日までの間に，取得価額が10万円以上30万円未満である資産を取得し，事業の用に供した場合（その事業年度の取得価額の合計300万円を限度とする）には，その取得価額の全額を損金に算入することができる。

なお，上記の取り扱いについては，いずれも対象となる資産から，貸付け（主要な事業として行われるものを除く）の用に供したものが除外される。

事業の用に供していないもの及び使用や時の経過によりその価値が減少しないものは，償却の対象とならない。これを**「非減価償却資産」**といい，土地，電話加入権，借地権，書画・骨とう品，建設仮勘定などがある。

設 例

1．次の文章の（　　）の中にあてはまる語を，下記の語群から選び，記号で記入しなさい。

⑴ 減価償却資産であっても，その使用可能期間が（　　）未満であるもの，または取得価額が1個又は1組（　　）未満であるものは，それを事業の用に供した日の属する事業年度の（　　）とすることができる。

⑵ 青色申告法人である中小企業者等が取得価額（　　）未満の減価償却資産を取得した場合，その取得価額の（　　）を損金算入できる。

⑶ （　　）に供していないもの及び使用や時の経過によりその（　　）がないものは（　　）の対象とならない。なお，非減価償却資産には，土地，（　　），借地権，（　　），建物仮勘定などがある。

<語 群> 　ア．電話加入権　　イ．事業の用　　ウ．10万円　　エ．30万円
　　　　　オ．1 年　　　　カ．損 金　　　キ．価値の減少　　ク．書画・骨とう品
　　　　　ケ．償 却　　　コ．全 額

2．秋田商事株式会社は，今期中に次の備品を購入した。よって，取得価額全額を当期の損金として計上できるものを選びその金額を解答欄に記入し，さらに取得価額全額を当期の損金に計上できないものについて解答欄に×印を記入しなさい。

種類	取 得 価 額	使用可能期間	解 答 欄
A	90,000円	6年	円
B	500,000円	15年	円

【解答】　1．⑴ オ，ウ，カ　　⑵ エ，コ　　⑶ イ，キ，ケ，ア（又はク），ク（又はア）

　　　　　2．A　90,000円（100,000円未満なので）

　　　　　　　B　×

⑸ **残存価額と耐用年数**

① **残存価額**

　残存価額とは，減価償却資産が使用できなくなったときのスクラップ価額である。しかし，残存価額は企業が独自に決定することはできず，法人税法では，残存価額を減価償却資産の種類ごとに定めており，平成19年3月31日以前に取得した有形減価償却資産については，取得価額の10%としている。

　また，平成19年4月1日以後に取得した減価償却資産については，残存価額は考慮せず，耐用年数経過時点で備忘価額（1円）を残して全額償却することができるものとしている。

　なお，平成19年3月31日以前に取得した減価償却資産については，償却可能限度額（取得価額の95%）まで償却した場合，その事業年度の翌事業年度以後，備忘価額（1円）を残して，5年間で均等償却をすることができる。

② **耐用年数**

　耐用年数とは，減価償却資産の使用可能期間のことであり，これも企業が独自で決定することはできず，資産の種類や構造，用途などに応じて細かく区分され定めた財務省令「減価償却資産の耐用年数に関する省令」を適用する（これを**「法定耐用年数」**という。）。

　中古資産を購入したときには，購入後どのくらいの年数を使用できるかを見積ることを原則とするが，この見積が難しい場合には，次の簡便法により算定した年数を見積耐用年数とする。なお，計算された年数に端数が生じたときには，1年未満は切り捨て，最低2年とする。

ⅰ　法定耐用年数の全部が過ぎているもの……**法定耐用年数 ×20%**

ⅱ　法定耐用年数の一部が過ぎているもの……**(法定耐用年数－経過年数)＋ 経過年数×20%**

設　例

　当社は，当期中に下記の中古資産を取得し事業の用に供したが，その残存使用可能期間を見積ることが困難である。簡便法によって残存耐用年数を計算しなさい。

＜資　料＞　⑴　事務用機器　　法定耐用年数6年，製作後すでに6年間使用済み

　　　　　　⑵　木造建物　　　法定耐用年数26年，建築後6年間使用済み

解答欄	計　　算　　過　　程	見積耐用年数
	⑴	年
	⑵	年

【解答】　⑴　（6年－6年）＋6年×20%＝1.2年（最低2年）→ 2年

　　　　　　⑵　（26年－6年）＋6年×20%＝21.2年（1年未満切捨）→ 21年

⑹ **減価償却の方法**

　減価償却の方法としては，平成19年3月31日までに取得した減価償却資産については，旧定額法，旧定率法および旧生産高比例法が適用され，平成19年4月1日以降に取得したものについては，定額法，定率法および生産高比例法が適用される。ここでは生産高比例法の説明は省略する。

① **定額法と旧定額法**

　定額法も旧定額法も，耐用年数に応じて毎年一定額を償却する方法で，計算が簡単であるという

長所があるが，定率法に比べると償却が遅れるという短所がある。

- **・定額法による償却限度額＝取得価額×定額法償却率**
- **・旧定額法による償却限度額＝（取得価額－残存価額）×定額法償却率**

定額法と旧定額法との違いは，定額法では残存価額をゼロとして計算するのに対し，旧定額法の計算では，**残存価額（取得原価の10%）**を取得価額から控除して（すなわち，取得価額に0.9を乗じて）計算することである。定額法および旧定額法の償却率は「減価償却資産の耐用年数等に関する省令」に規定されているものを使用する。

② **定率法と旧定率法**

定率法は，毎年一定割合で償却額が逓減するように，一定の償却率を期首帳簿価額に乗じたものを償却額とする方法である。この方法は初年度の償却額が最も多く，年度が進むにつれて償却額が次第に減っていく。

- **・定率法による償却限度額＝期首帳簿価額(取得価額－減価償却累計額)×定率法償却率**
- **・旧定率法による償却限度額＝期首帳簿価額(取得価額－減価償却累計額)×旧定率法償却率**

定率法償却率及び旧定率法償却率については，いずれも「減価償却資産の耐用年数等に関する省令」に規定されているものを使用する。

なお平成24年4月1日以後に取得する固定資産の定率法の償却率については，定額法の償却率（1÷耐用年数）を2.0倍した「200%定率法」が適用され，平成24年4月1日前に取得した固定資産については，定額法の償却率を2.5倍した「250%定率法」が適用される。

③ **減価償却の方法の選定**

減価償却資産の償却限度額を計算するに当っては，以下に掲げる資産ごと（建物，建物附属設備，構築物，機械及び装置，船舶，航空機，車両運搬具，工具，器具，備品についてはその種類等ごと）に償却の方法を選定しなければならない。この場合において二以上の事業所又は船舶を有する法人は，事業所等の異なるごとに選定できる。

(イ) 有形減価償却資産

　　㋑ 平成10年4月1日以後に取得した建物……………………………………定額法

　　㋺ 平成28年4月1日以後に取得した建物附属設備及び構築物………定額法

　　㋩ ㋑及び㋺以外の有形減価償却資産……………………………………定額法又は定率法

(ロ) 鉱業用減価償却資産（鉱業権を除く）

　　㋑ 平成28年4月1日以後に取得した鉱業用の建物，建物附属設備及び構築物………定額法又は生産高比例法

　　㋺ ㋑以外の鉱業用減価償却資産………………………定額法，定率法，生産高比例法のいずれか

(ハ) 無形減価償却資産（鉱業権を除く）及び生物………定額法

(ニ) 鉱業権……………………………………………………定額法又は生産高比例法

※平成19年3月31日以前の取得資産については，上記の定額法，定率法及び生産高比例法について，それぞれ旧定額法，旧定率法及び旧生産高比例法と読み替える。

④ **法定償却方法**

法人は，減価償却の方法のうちいずれかを選定して，確定申告書の提出期限までに，税務署長に届出をしなければならない。

法人が，償却方法を税務署長に選定届出を行わなかった場合には，それぞれ次の償却方法によること（これを**「法定償却方法」**という）になる。

鉱業用以外の有形減価償却資産（建物，平成28年4月1日以後に取得した建物附属設備及び構築物を除く）……………………………………………………定率法又は旧定率法

鉱業用の有形減価償却資産及び鉱業権………………生産高比例法又は旧生産高比例法

※平成10年3月31日以前に取得した建物の法定償却方法は，旧定率法となる。

設 例

1．令和2年1月20日に取得した備品の当期の減価償却費を，①定額法と②定率法により計算しなさい。

取得原価　800,000円（償却累計額　237,500円）

残存価額　取得原価の10%

耐用年数　8年

償 却 率：定額法　0.125　　定率法　0.250

① 定額法

$$\left(\boxed{\qquad 円} - \boxed{\qquad 円}\right) \times 0.\boxed{\quad} = \boxed{\qquad 円}$$

② 定率法

$$\left(\boxed{\qquad 円} - \boxed{\qquad 円}\right) \times 0.\boxed{\quad} = \boxed{\qquad 円}$$

2．京都商店は，当期首（令和6年4月1日）に事業に供した次の減価償却資産を取得した。よって当期に採用すべき減価償却方法を明らかにし，その方法による当期の「損金の額」に計上する減価償却費の金額を計算しなさい。なお，決算日は毎年3月31日である。

	取 得 価 額	耐用年数	償　却　率	
			定 額 法	定 率 法
建　　物	12,000,000円	50年	0.020	0.040

① 減価償却方法

減価償却方法は，$\boxed{\qquad}$ を採用する。

② 当期の減価償却費の計算

$$\left(\boxed{\qquad 円} - \boxed{\qquad 円}\right) \times 0.\boxed{\quad} = \boxed{\qquad 円}$$

【解答】　1．①　（800,000円－0円）×0.125＝100,000円

②　（800,000円－237,500円）×0.250＝140,625円

2．①　定額法

②　（12,000,000円－0円）×0.020＝240,000円

⑺　**期中取得資産の減価償却費の計算**

期中に減価償却資産を取得した場合には，事業の用に供した日から決算日までの月数（1か月未満切上げ）に応じた額を当期の損金の額とする。

$$一事業年度分の減価償却費 \times \frac{事業の用に供した月数}{その事業年度の月数} = 償却限度額$$

設 例

1. 仙台株式会社（事業年度：令和6年1月1日〜令和6年12月31日）は，期中の9月において建物を取得した。次の資料から減価償却費を計算しなさい。

   取得価額　6,000,000円

   耐用年数　50年

   定額法による償却率　0.020

2. 青森株式会社（事業年度：令和6年4月1日〜令和7年3月31日）は，期中の11月において備品を取得した。次の資料から減価償却費を計算しなさい。なお，償却方法の届出は何もしていない。

   取得価額　1,200,000円

   耐用年数　5年

   定額法による償却率　0.200

   定率法による償却率　0.400

【解答】　1. $6,000,000円 \times 0.020 \times \dfrac{4}{12} = 40,000円$ ……建物は定額法のみ

　　　　　2. $1,200,000円 \times 0.400 \times \dfrac{5}{12} = 200,000円$ ……法定償却方法は定率法となる

(8) 償却限度額

　法人税法の計算上，損金の額に算入できる減価償却費は，法人が減価償却費として**損金経理**（確定した決算において費用又は損失として経理をすることをいう）した金額のうち，償却限度額に達するまでの金額である。償却限度額とは，前述の計算した減価償却額のことである。

　確定した決算において損益計算書に計上された減価償却費の金額（損金経理の額）と償却限度額を比較し，損金経理の額が償却限度額を超えた部分がある場合には，その部分を**「償却超過額」**といい損金不算入となる。反対に，損金経理の額が償却限度額に満たない部分がある場合には，その部分は**「償却不足額」**といい，原則として損金に算入できない。

① 過年度に償却超過額がある場合の償却限度額

　前期以前に償却超過額がある場合（これを**「繰越償却超過額」**という）には，その償却超過額に相当する金額はなかったものとみなされる。定率法は未償却残高を基礎として計算するので特に注意を要する。

定率法による繰越償却超過額があるときの当期償却限度額の計算は，期首の帳簿価額にその繰越償却超過額を加算して償却率を乗じる。

（期首帳簿価額 + 繰越償却超過額）×償却率＝償却限度額

定額法の場合には，取得価額を基礎として計算されるので，繰越償却超過額があっても問題はない。

設　例

福岡商事株式会社の決算（令和6年4月1日〜令和7年3月31日）にあたり，令和3年7月1日に取得した車両の当期の償却限度額を計算しなさい。なお，償却方法は定率法である。

種　　類	耐用年数	償　却　率	期首帳簿価額	備　　　　　考
車　　両	6年	0.333	1,800,000円	繰越償却超過額75,625円ある

（　　　　　円 ＋ 　　　　　円）× 0.　　　 ＝ 　　　　　円

【解答】　（1,800,000円＋75,625円）×0.333＝624,583円

---

②　過年度に償却不足額がある場合の償却限度額

前期以前に償却不足額がある場合（これを**「繰越償却不足額」**という）には，この不足額に関係なく償却限度額を計算する。

設　例

京都商事株式会社の決算（令和6年1月1日〜令和6年12月31日）にあたり，令和4年1月に取得した備品（定率法により減価償却を行ってきた）の当期の償却限度額を計算しなさい。解答欄の□□□は不要なものもあるので注意をすること。

種　　類	耐用年数	償　却　率	期首帳簿価額	備　　　　　考
備　　品	10年	0.200	2,100,000円	繰越償却不足額100,000円ある

（　　　　　円 ＋ 　　　　　円）× 0.　　　 ＝ 　　　　　円

【解答】　（2,100,000円 ＋ 0円）×0.200＝420,000円

設 例

次の資料により，明治商事株式会社の当期（自令和6年4月1日 至令和7年3月31日）における減価償却限度額を最も有利になるように計算しなさい。なお，減価償却法として建物については定額法，その他の減価償却資産については定率法を選定し届出ている。当社の期末資本金は，8,000万円である。

(単位：円)

種類細目	事業の用に供した日	取得原価	耐用年数	期首帳簿価額	備　　考
車両運搬具	R5年10月1日	2,000,000	6	1,667,000	――
機械及び装置	H28年4月8日	6,000,000	12	1,600,000	繰越償却超過額が69,809円ある
建　　物	H19年3月1日	20,000,000	50	14,980,000	繰越償却不足額がある
器具備品(A)	R6年6月19日	600,000	6	――	――
器具備品(B)	R7年3月25日	90,000	2	――	――

年償却率

	2年	6年	12年	50年
旧定額法	0.500	0.166	0.083	0.020
旧定率法	0.684	0.319	0.175	0.045
250%定率法	1.000	0.417	0.208	0.050
200%定率法	1.000	0.333	0.167	0.040

(単位：円)

種類細目	計　算　過　程	金　額
車両運搬具		
機械及び装置		
建　　物		
器具備品A		
器具備品B		

【解答】

(単位：円)

種類細目	計　算　過　程	金　額
車両運搬具	1,667,000×0.333	555,111
機械及び装置	(1,600,000＋69,809)×0.167	278,858
建　　物	20,000,000×0.9×0.020	360,000
器具備品A	$600,000 \times 0.333 \times \frac{10}{12}$	166,500
器具備品B	少額減価償却資産	90,000

③ 前期以前に繰越償却超過額があるときで，当期に償却不足額が発生した場合の特例

前期以前に繰越償却超過額があるときで，当期に損金経理した減価償却費に償却不足額が発生した場合には，繰越償却超過額と当期償却不足額とのいずれか少ない額を追加して損金に算入できる。これを**「減価償却超過認容額」**という。

**設　例**

松本商事株式会社は決算（4月1日～3月31日）にあたり定率法により減価償却を行ってきた（構築物については平成19年3月31日以前に，機械装置については平成24年4月1日以後に取得している）。当期の減価償却超過認容額を求めなさい。なお，表の中の当期償却額は会社が損金経理した金額である。

種　類	耐用年数	償却率	当期償却額	期末帳簿価額	備　　考
構 築 物	37年	0.060	700,000円	11,260,000円	繰越償却超過額40,000円ある
機械装置	15年	0.133	900,000円	6,000,000円	繰越償却超過額36,000円ある

構築物
　償却限度額

　　（　　　　円 ＋ 　　　　円 ＋ 　　　　円 ）× 0.　　　 ＝ 　　　　円

　償却不足額の計算

　　　　　　円 － 　　　　円 ＝ 　　　　円

　当期追加損金算入額

　　繰越超過額　　　　円
　　　　　　　　　　　　　— いずれか少ない金額 → 　　　　円
　　償却不足額　　　　円

機械装置
　償却限度額

　　（　　　　円 ＋ 　　　　円 ＋ 　　　　円 ）× 0.　　　 ＝ 　　　　円

　償却不足額の計算

　　　　　　円 － 　　　　円 ＝ 　　　　円

　当期追加損金算入額

　　繰越超過額　　　　円
　　　　　　　　　　　　　— いずれか少ない金額 → 　　　　円
　　償却不足額　　　　円

【解答】 構築物

償却限度額　（11,260,000円＋700,000円＋40,000円）×0.060＝720,000円

　　　償却不足額の計算　720,000円－700,000円＝20,000円

　　　減価償却超過認容額

　　　　繰越超過額　40,000円 ┐
　　　　　　　　　　　　　　　├── いずれか少ない金額→20,000円
　　　　償却不足額　20,000円 ┘

　　機械装置

　　　償却限度額　（6,000,000円＋900,000円＋36,000円）×0.133＝922,488円

　　　償却不足額の計算　922,488円－900,000円＝22,488円

　　　減価償却超過認容額

　　　　繰越超過額　36,000円 ┐
　　　　　　　　　　　　　　　├── いずれか少ない金額→ 22,488円
　　　　償却不足額　22,488円 ┘

(9) 資本的支出と修繕費

　減価償却資産を使用している途中で，破損などで修理を加えたり，または改造（改良）を行ったりする場合がある。これが単なる修繕であれば**修繕費**として損金となるが，改造（改良）などで減価償却資産の価値を高めるものは**資本的支出**として，資産の取得原価に加えることになる。

設　例

次の取引の仕訳を行いなさい。

　店舗の改修を行い，その改修代金800,000円を建築会社に現金で支払った。この改修代金のうち，5分の3相当額は建物の価値を高めたと認められるので資本的支出とし，残りの5分の2は修繕費とする。

借 方 科 目	金　　額	貸 方 科 目	金　　額

【解答】　（借）建　　　物　480,000　　（貸）現　　　金　800,000
　　　　　　　　　　修 繕 費　320,000

(10) 特別償却と割増償却

　今まで述べてきた償却は，一般に「**普通償却**」と呼ばれているものであるが，税法では，国の政策に合わせ，普通償却による減価償却費に加え，特別の減価償却をすることを認めている。これには，中小企業者の機械等の「**特別償却**」や一定の「**割増償却**」などがある。

○ **中小企業者の機械等の特別償却**（令和7年3月31日までの間に事業の用に供した資産について適用）

　青色申告書を提出する期末資本金の額1億円以下等の要件を満たす中小法人等が，一定の要件に該当する機械等（1台160万円以上の機械装置，70万円以上のソフトウェアなど）を取得し，事業の用に供した場合には，次の算式で計算した特別償却額をその事業年度の損金の額に算入することができる。

　　　　特別償却限度額＝取得価額×30%

　よって，償却限度額＝普通償却限度額＋特別償却限度額となる。

　また資本金3,000万円以下の特定中小企業者については，特別償却に代えて，税額控除（基準取得価額の7%…法人税額の20%が限度）を選択することもできる。

　なお，中小企業経営強化税制の要件に該当する場合には100%の特別償却又は7%（特定中小企業者等に該当する場合には10%）の税額控除が選択できる。

1．次の諸資産につき，減価償却資産に該当するものを選び，解答欄に記入しなさい。

1．半製品　　　2．製品運搬用トラック　　3．役員用机　　　4．特許権

5．株　券　　　6．仕掛品　　　　　　　　7．製品製造用機械　8．地方債証券

解 答 欄				

2．次の文章のうち，正しいものには○印を，誤っているものには×印を解答欄に記入しなさい。
　なお，それぞれ平成28年４月１日以降に取得したものとする。

(1)　減価償却資産を取得したときには，その使用可能期間が１年未満であるもの，又は取得原価が１個又は１組10万円未満であるものは，それを損金経理したときは事業の用に供した日の属する事業年度の損金の額に算入できる。

(2)　有形減価償却資産（鉱業用減価償却資産を除く）の償却方法を選定しなかった場合は，減価償却の計算に際しては，生産高比例法によらなければならない。

(3)　減価償却資産である建物の法定償却方法は，定額法である。

(4)　無形減価償却資産（鉱業権及び営業権を除く）について選定できる償却の方法は，原則として，定率法に限定されている。

解 答 欄	1		2		3		4	

3．渋谷株式会社では，当期中に下記の中古資産を取得し事業用に供したが，その残存使用可能期間を見積ることが困難なので，簡便法によって残存耐用年数を計算しなさい。

＜資　料＞

(1)　乗 用 車　法定耐用年数５年，製作後すでに４年間使用されたものである。

(2)　木造建物　法定耐用年数24年，建築後５年間使用されたものである。
　　　　上記いずれの資産についても事業用に供するに当たって支出した改良費の額はない。

解 答 欄		計 算 過 程	見積耐用年数
	(1)		年
	(2)		年

4．次の表の［Ⅰ］欄に該当する方法を［Ⅱ］欄から選び，［Ⅰ］欄の（　　　）内に記入しなさい。
　なお建物は，平成21年に取得したものである。

［Ⅰ］　欄	［Ⅱ］　欄
建物（減価償却資産）の法定償却方法	定　額　法
（　　　　　　　　　　　　　）	定　率　法

4

「損金の額」の計算

5．次の取引を仕訳で示しなさい。

店舗の改修を行い，白雪工務店に改修費用3,600,000円を現金で支払った。この改修費用のうち3分の2相当額は建物の価値を高めたと認められるので資本的支出とし，残りの3分の1は修繕費とする。

借 方 科 目	金 額	貸 方 科 目	金 額

6．品川工業株式会社の第5期（令和6年4月1日～令和7年3月31日）事業年度における減価償却の計算に必要な資料は下記のとおりである。税務上最も有利になるように減価償却限度額を計算過程を示して計算し，金額欄に記入しなさい。

なお，当社では償却方法として建物については定額法を，それ以外の有形減価償却資産については定率法を選定して届出ている。

種類細目	事業の用に供した年月日	取得原価	期末償却前簿価	償却率 旧定額法	定額法	250%定率法	200%定率法	備 考
建物（本社）	R6年12月28日	60,000,000円	60,000,000円	0.023	0.023	0.056	0.044	──
建物（工場）	H19年3月20日	38,000,000円	20,829,600円	0.039	0.039	0.096	0.077	繰越償却不足額あり
機械装置	R5年4月25日	12,000,000円	8,800,000円	0.125	0.125	0.313	0.250	繰越償却超過額 200,000円
車両運搬具	R4年10月25日	5,000,000円	2,550,000円	0.200	0.200	0.500	0.400	繰越償却不足額あり
器具備品A	R6年10月10日	2,400,000円	2,400,000円	0.166	0.167	0.417	0.333	──
器具備品B	R6年12月15日	98,000円	98,000円	0.166	0.167	0.417	0.333	──

種 類 細 目	計 算 過 程	金 額
建 物 （本 社）		円
建 物 （工 場）		円
機 械 装 置		円
車 両 運 搬 具		円
器 具 備 品 A		円
器 具 備 品 B		円

4 繰延資産の償却

(1) 繰延資産の意義

法人税法上，**繰延資産**とは，法人が支出した費用でその支出の効果が１年以上に及ぶものをいい，前払費用や経常的支出分は除かれる。**前払費用**は，前払保険料や前払利息などのように，実際に役務の提供の受入よりも先に支払ったもので，その提供される役務に対応して各事業年度の損金の額に算入される。これに対し，繰延資産は支出効果の及ぶ期間を基礎として各事業年度の損金の額に算入される。

(2) 繰延資産の範囲

税法で定めている繰延資産は，**会社法上の繰延資産**と**税法独自の繰延資産**に分けられる。

① 会社法上の繰延資産

会社法の規定で設けられているもので，これには次の５つがある。

イ．創立費　　ロ．開業費　　ハ．開発費　　ニ．株式交付費　　ホ．社債等発行費

② 税法独自の繰延資産

会社法の規定以外に税法独自で設けられたもので，次のようなものがある。

(イ)　公共的施設等の負担金

(ロ)　資産を賃借するための権利金等

(ハ)　役務の提供を受けるための権利金等

(ニ)　広告宣伝用資産を贈与した費用

(ホ)　上記以外の自己が便益を受けるための費用

(3) 繰延資産の償却と償却限度額

① 繰延資産の償却

繰延資産の償却費の損金算入は，減価償却費の場合と同じように損金経理を条件とする。損金に算入される額は，損金経理した金額のうち税法で定める償却限度額に達するまでの金額である。

② 償却限度額

償却限度額は，次の各区分に応じてそれぞれに掲げる金額とする。

ⅰ）会社法上の繰延資産の償却限度額

会社法上の繰延資産については，その繰延資産の金額以内で，随意に損金経理した金額を償却限度額とする**「随意償却」**が認められる。

ⅱ）税法独自の繰延資産の償却限度額

税法独自の繰延資産（上記のⅰ以外のもの）については，償却費として損金経理した金額のうち，償却限度額に達するまでの金額が損金に算入される。支出の効果が１年以上に及ぶものが，繰延資産となるため，償却限度額の計算は「支出の効果の及ぶ期間の月数」を基に，当期に属する分を按分する形となる。

$$繰延資産の額 \times \frac{当期に含まれる償却期間の月数}{支出の効果の及ぶ期間の月数} = 償却限度額$$

上記の算式のうち「支出の効果の及ぶ期間」については，固定資産の利用のために支出したものは，その耐用年数を基に見積りを行い，契約に基づいて支出したものは，契約期間を基礎として見積る。しかし，一般にその見積は困難であるため税法により規定されているものを利用する。分子の償却期間の月数に１か月未満の端数が生じたときには１か月として計算する。

(4) 少額な繰延資産

支出した金額が20万円未満であるもの（これを**「少額繰延資産」**という）は，その支出する日の属する事業年度において，損金経理することにより，その全額をその事業年度の損金とすることができる。

設 例

次の取引の仕訳をしなさい（事業年度は，令和6年1月1日から令和6年12月31日までとする）。なお，権利金の償却については，償却限度額を求める計算式も示すこと。

1．5月10日　新製品販売のための広告宣伝費￥300,000を現金で特別に支出した。（開発費勘定で処理する）

　　12月31日　決算につき上記の支出額の￥150,000を損金経理した。（開発費償却勘定で処理する）

2．6月15日　当社は，営業用の建物を借りることとなり，権利金￥600,000を現金で支払った。（権利金勘定で処理する）

　　12月31日　決算につき，上記権利金を償却した。この権利金の償却期間は5年である。（権利金償却勘定で処理する）

		借 方 科 目	金 額	貸 方 科 目	金 額
1	5月10日				
	12月31日				
2	6月15日				
	12月31日				

12月31日の権利金償却（償却限度額）の計算式

$$権利金償却額 = \boxed{} 円 \times \frac{\boxed{}}{\boxed{} \times \boxed{}} = \boxed{} 円$$

【解答】

1．5月10日　（借）開 発 費　300,000　（貸）現　　金　300,000
　　12月31日　（借）開発費償却　150,000　（貸）開 発 費　150,000

2．6月15日　（借）権 利 金　600,000　（貸）現　　金　600,000
　　12月31日　（借）権利金償却　70,000　（貸）権 利 金　70,000

12月31日の権利金償却（償却限度額）の計算式

$$権利金償却額 = 600,000円 \times \frac{7（6月〜12月）}{5 \times 12} = 70,000円$$

（注）分母は「支出の効果の及ぶ期間の月数」，分子は分母のうち当期に属する月数となる。

よって減価償却のように $\dfrac{当期の月数}{12}$ とはしない。

1. 次の文章のうち，正しいものには○印を，誤っているものには×印を解答欄に記入しなさい。

(1) 繰延資産とは，法人が支出する開発費などの費用のうち，支出の効果がその支出の日以後1年以上におよぶものをいう。

(2) 内国法人が，繰延資産となるべき費用を支出した場合であっても，その支出する金額が30万円未満であるものについては，支出事業年度において損金経理をした場合には，これを損金の額に算入する。

解答欄		

2. 次の中から繰越資産として処理できるものを選び，解答欄に記入しなさい。

1. 商品　　2. 開発費　　3. 広告宣伝費（経常支出）　　4. 株式交付費　　5. 売掛金
6. 社債発行費　　7. 公共的施設等の負担金　　8. 試験研究費（経常支出）
9. 資産賃借の権利金　　10. 試験研究費（特別支出）

解答欄						

5 資産の評価損

(1) 資産の評価損の意義

資産の評価損とは，資産の評価換えでその帳簿価額を減額することをいう。評価損は原則として損金に算入できない。ただし，棚卸資産・有価証券・固定資産について災害による著しい損傷を受けたり，会社更生法などによる評価換えのような一定の事実があるときには，確定した決算において損金経理し，帳簿価額を減額することにより，評価損に計上して損金とすることができる。

> **設 例**
>
> 次の文章の（　　）の中にあてはまる語を，下記の語群から選び，記号で記入しなさい。
>
> 資産の評価損とは，資産の（　　）でその（　　）を減額することをいう。評価損は原則として損金に（　　）。ただし，棚卸資産・有価証券・（　　）について災害による著しい損傷を受けたような（　　）があるときに限り，評価損に計上して損金に（　　）。
>
> ＜語 群＞
> ア．算入できない　　イ．算入できる　　ウ．評価換え　　エ．固定資産
> オ．一定の事実　　カ．帳簿価額

【解答】　順にウ，カ，ア，エ，オ，イ

(2) **評価損を計上できる一定の事実**

評価損を計上できる「一定の事実」とは，それぞれの資産について次のような場合をいう。

① 棚卸資産　イ．災害により著しく損傷したこと

　　　　　　ロ．著しく陳腐化したこと

　　　　　　　　a．季節商品で売れ残ったものについて，今後通常の価額で販売できないことが明らかであること。

　　　　　　　　b．新製品が発売されたことにより，従来の製品が通常の価額で販売できないことが明らかであること。

　　　　　　ハ．更生手続の開始決定等があったことにより評価換えの必要が生じたこと。

　　　　　　ニ．イ～ハに準ずる特別の事態が生じたこと（型崩れ，棚ざらし，破損，品質変化等）により通常の価額で販売することができないことなど。

② 有価証券　イ．上場有価証券（企業支配株式を除く）の価値が著しく低下したこと

　　　　　　ロ．非上場有価証券や企業支配株式の実質価額（発行法人の資産状態を反映した価額）が著しく低下したこと

　　　　　　ハ．会社更生法などにより評価換えの必要が生じたこと

③ 固定資産　イ．災害により著しく損傷をしたこと

　　　　　　ロ．1年以上遊休状態にあること

　　　　　　ハ．本来の用途に使用できないため転用されたり，所在場所の状況が著しく変化したこと

　　　　　　ニ．会社更生法などにより評価換えの必要が生じたこと

(3) **評価損の計上が認められない場合**

棚卸資産については，時価が過剰生産，物価変動等により低下しただけでは，評価損は計上できない。

設 例

A商事株式会社は，棚卸資産の評価について原価法を採用している。次の資料から，評価損として損金の額に算入できる金額を計算しなさい。

区　分	評価換え直前簿価	期末時価	備　　　　考
A 商 品	6,000,000円	2,500,000円	水害により著しく損傷した。
B 商 品	12,000,000円	10,800,000円	運搬中に型崩れした。
C 商 品	8,500,000円	8,100,000円	過剰生産したことにより時価が下落した。
D 商 品	23,000,000円	20,000,000円	物価変動により時価が下落した。
E 商 品	17,300,000円	16,400,000円	倉庫保管中に品質が変化した。
F 商 品	7,450,000円	7,100,000円	建値の変更により時価が下落した。
G 商 品	15,000,000円	12,400,000円	性能の著しく異なる新製品の発売により通常の方法で販売できない。
H 商 品	9,300,000円	8,600,000円	売れ残りの季節商品で過去の実績からみて通常価額で販売できない。

区　分	計　算　過　程	損金算入額
A 商 品		円
B 商 品		円
C 商 品		円
D 商 品		円
E 商 品		円
F 商 品		円
G 商 品		円
H 商 品		円
合　　計	（A商品〜H商品までの損金算入額の合計額）	円

【解答】

区　分	計　算　過　程	損金算入額
A 商 品	6,000,000円－2,500,000円	3,500,000円
B 商 品	12,000,000円－10,800,000円	1,200,000円
C 商 品	評価損の計上はできない	－　　　円
D 商 品	評価損の計上はできない	－　　　円
E 商 品	17,300,000円－16,400,000円	900,000円
F 商 品	評価損の計上はできない	－　　　円
G 商 品	15,000,000円－12,400,000円	2,600,000円
H 商 品	9,300,000円－8,600,000円	700,000円
合　　計	（A商品〜H商品までの損金算入額の合計額）	8,900,000円

次の文章が，正しければ○印を，誤っていれば×印を文章末尾の（　　　）の中に記入しなさい。

　法人が，その有する資産の評価換えをして，その帳簿価額を減額した場合には，その減額した部分の金額は原則として損金の額に算入されない。（　　　）

6 役員の給与等

　使用人に対する給料・賞与・退職給与は，使用人と会社との関係が雇用関係にあることから，役員の親族等の特殊関係使用人に対する不相当に高額な部分以外は，損金の額に算入される。これに対して，**役員に対する給与**とは役員報酬，役員賞与，退職慰労金等をいい，金銭によるもののほか，債務の免除，経済的利益も含まれる。これらをまとめて**役員給与**といい，損金の額に算入されるかどうかが問題となる。

⑴　役員の範囲

①　役　員

　税法上の役員は，一般に考えられている役員の範囲よりも広い。つまり，取締役・監査役・理事・監事・清算人など会社法でいう役員のほかに，その法人の「経営に実質的に従事している者」など税法が認定する役員を含む。なお「経営に実質的に従事している者」とは，業務運営上の重要方針を決定するような立場にある者をいい，具体的には取締役でない会長，副会長，相談役，顧問その他これに類する者などをいう。

　また，同族会社（第6章「同族会社」を参照のこと）の使用人で持株割合における一定の要件を満たして，その会社に従事している人も役員とみなす「同族会社のみなし役員」も含まれる。

②　同族会社のみなし役員

　①に該当しない人でも，同族会社の使用人で，次のa，b，cの要件を満たしており，その会社の経営に従事している人は役員とみなす。

　a．50％超基準　その会社の上位3位までの株主グループの持株割合が50％を超えている場合に，その株主グループにその使用人が属していること。

　b．10％超基準　その使用人の属する株主グループの持株割合が10％を超えていること。

　c．5％超基準　その使用人（配偶者を含む）の持株割合が5％を超えていること。

③　使用人兼務役員

　会社には，取締役としての役員と同時に，部長，課長，支店長，工場長，営業所長等といった使用人としての職制上の地位を有し，常時使用人としての職務に従事している者がいる。税法ではこれらの者を「使用人兼務役員」といい，一般の役員とは異なった取扱いを認めている。使用人兼務役員に対する給与等で，使用人分の給与等に相当する額については，一般の使用人に対するものと同様に損金に算入することができる。

　ただし，社長，副社長，代表取締役，専務取締役，常務取締役，理事長，専務理事，清算人その他これらに準ずる役員は使用人兼務役員にはなれない。

設 例

次に掲げるもののうち，役員に該当するものを選び，解答欄に番号で記入しなさい。

1. 部　長　　2. 代表取締役社長　　3. 工場長　　4. 専務取締役　　5. 監査役

6. 支店長　　7. 顧問（業務運営上重要方針を決定する立場にある）　　8. 課　長

解 答 欄				

【解答】　2，4，5，7

⑵　役員給与の損金算入に対する制限

　役員に対して支給する給与（退職給与，ストック・オプションによるもの及び使用人兼務役員の使用人分給与を除く）のうち，**定期同額給与**（支給時期が1か月以下の一定期間ごとに支給される給与で，各支給時期の支給額または支給額から源泉税等の額を控除した金額が同額であるもの），又は**事前確定届出給与**（所定の時期に確定額を支給する定めにより支給する給与で，事前にその内容を届出したもの）による以外の給与の支給については，損金の額に算入されない。

　なお，非同族会社の業績連動給与については，損金経理，支給総額，支給時期など一定の要件を満たせば，原則として損金の額に算入される。非同族会社の業績連動給与とは，会社がその役員に対して支給する利益を基礎として算定される給与のうち，非同族会社が業務を執行する役員全員に対して支給する給与のことである。

設 例

　次の文章の（　　　）の中にあてはまる語を，下記の語群から選び，記号で記入しなさい。

　役員に対して支給する給与のうち，退職給与，ストック・オプションによるもの及び使用人兼務役員の使用人分を除き，（　　　）給与（支給額が同額で，支給時期が1か月以下の（　　　）ごとに支給される給与），又は（　　　）給与（所定の時期に確定額を支給する定めにより支給する給与で，事前にその内容を（　　　）したもの）による以外の給与の支給については，損金の額に（　　　）。

＜語　群＞

ア．算入されない　　イ．一定期間　　ウ．定期同額　　エ．事前確定届出
オ．届　出

【解答】　順にウ，イ，エ，オ，ア

---

(3) 不相当に高額な役員給与の損金不算入

役員に対する給与（債務の免除による利益その他の経済的利益を含む）については，株主から委任された仕事を行うための対価と考えられるが，過大に支給された給与は利益の分配と考えられるので，役員給与の額が，「**実質基準額**（役員の職務内容，同業種同規模における他の会社の役員の支給状況と比較して対価として適当と判断された金額）」又は「**形式基準額**（定款等で役員の給与など支給限度額が決まっている場合にはその限度額以下の金額）」のいずれかを超えるときは，その超える部分は，不相当に高額であるとして損金の額に算入しない。どちらの基準も超える場合には，いずれか多い金額が不相当に高額な金額となる。

設 例

次の文章の（　　　）の中にあてはまる語を，下記の語群から選び，記号で記入しなさい。

役員給与の額が，「（　　　）（役員の（　　　），同業種同規模における他の会社の役員の支給状況と比較して対価として適当と判断された金額）」又は「（　　　）（定款等で役員の給与など（　　　）が決まっている場合にはその限度額以下の金額）」のいずれかを超えるときは，その超える部分は，（　　　）に高額であるとして損金の額に（　　　）。どちらの基準も超える場合には，いずれか多い金額が不相当に高額な金額となる。

＜語　群＞　ア．算入しない　　イ．形式基準額　　ウ．実質基準額　　エ．支給限度額
　　　　　　オ．職務内容　　カ．不相当

【解答】 順にウ，オ，イ，エ，カ，ア

(4) 役員の退職給与

役員に対して支給する退職給与（債務の免除による利益その他の経済的利益を含む）は，使用人に対する場合と同様に，損金経理していれば損金の額に算入できる。この考え方は，役員の退職給与を「報酬の後払い」として考えたことによるものである。しかし，この場合も不相当に高額な部分は損金不算入となる。この「不相当に高額な部分であるかどうか」は，その役員の退職の事情，在職年数，同業種同規模の他企業の役員の退職給与の支払状況に照らして判断する。

なお，役員の退職給与を「在任期間中の利益の分配」として考え，損金経理以外の経理（剰余金の処分による経理など）をした場合には，当然損金不算入となる。

(5) 経済的利益

役員の報酬・賞与・退職給与には，実質的に役員に対して給与を支給したのと同様の経済的効果をもたらす経済的利益が含まれる。

経済的利益が報酬となるか賞与となるかは，その利益が定期的であるか臨時的であるかにより区分される。

設 例

次の文章の（　　　）の中にあてはまる語を，下記の語群から選び，記号で記入しなさい。

役員に対して支給する退職給与は，使用人に対する場合と同様に，（　　　）をしていれば，損金の額に（　　　）。不相当に（　　　）は，損金の額に（　　　）。不相当に高額かどうかの判断は，その役員の退職事情や（　　　），また同業種同規模における他企業の役員に対する退職給与の支給状況に照らして判断する。

<語　群>　ア．算入できる　　イ．算入できない　　ウ．損金経理　　エ．高額な部分
　　　　　オ．在職年数

【解答】　順にウ，ア，エ，イ，オ

練 習 問 題

1．次に掲げるもののうち，役員となるものとならないものとに区分し，解答欄に番号を記入しなさい。

　1．工場長　　　2．理　事　　　3．課　長　　　4．清算人　　　5．監査役
　6．部　長　　　7．社　長　　　8．理事長

役員となるもの				
役員とならないもの				

2．次の表は損金経理によって役員に対して支給した報酬等の内訳である。損金不算入の額を計算しなさい。なお，事前確定届出給与に該当するものはない。

	総支給額	適正額
役員報酬	19,000,000円	18,000,000円
役員賞与	8,500,000円	8,500,000円
役員退職金	5,000,000円	4,500,000円

損金不算入額の計算

役員報酬 ［　　　　　］円 － ［　　　　　］円 ＝ ［　　　　　］円

役員賞与 ［　　　　　］円

役員退職金 ［　　　　　］円 － ［　　　　　］円 ＝ ［　　　　　］円

3．次の各文章のうち，正しいものには○印を，誤っているものには×印を解答欄に記入しなさい。

(1) 使用人（特殊関係使用人を除く）に対して支給する賞与は，支給額が高額か否かにかかわらず，全額損金の額に算入することができる。

(2) 役員に対する給与で，定期同額に支給していないものは，原則として損金の額に算入できない。

(3) 役員に対して支給する報酬は，支給額が高額か否かにかかわらず，全額損金の額に算入することができる。

(4) 役員に支給した賞与（事前の届出はしていない）で，その役員の職務の内容，その収益の状況などからみて不相当に高額でないものは，各事業年度の所得の金額の計算上，損金の額に算入することができる。

(5) 代表取締役に支給した賞与（事前確定届出給与の届出をしている）は，各事業年度の所得の金額の計算上，損金の額に算入することができる。

解 答 欄	1		2		3		4		5	

7 寄附金

(1) 寄附金の意義

　一般に**寄附**とは，相手からの見返りを期待しない金品の贈与行為をいうが，法人税法での**寄附金**とは，寄附金・拠出金・見舞金など名称のいかんにかかわらず，法人が金銭その他の資産又は経済的な利益の贈与又は無償の供与をしたことをいう。寄附金を無制限に認めると，税金逃れに利用され課税の公平に反することになるので，損金算入に一定の限度を設けている。

設　例

　次の文章の（　　　）の中にあてはまる語を，下記の語群から選び，記号で記入しなさい。

　法人税法での寄附金とは，寄附金・（　　　）・見舞金など名称のいかんにかかわらず，法人が（　　　）その他の資産又は経済的な利益の（　　　）又は無償の供与をしたことをいう。寄附金を無制限に認めると，税金逃れに利用され（　　　）に反することになるので，損金算入に（　　　）を設けている。

　<語　群>　ア．金銭　イ．課税の公平　ウ．拠出金　エ．一定の限度　オ．贈与

【解答】 順に，ウ，ア，オ，イ，エ

(2) 寄附金の損金算入限度額と損金不算入額の計算

　法人税法上，寄附金として支出した金額のうち，一定の限度額を超える金額は，特定の寄附金を除き，損金の額に算入されない。また寄附金は，損金経理を条件として支出時に損金に算入する。

　寄附金は，その支出の相手先や目的により次の3つに区分され，これを基に具体的な損金不算入額の計算をする。

イ．指定寄附金等（国又は地方公共団体や財務大臣が指定した公益法人に対する寄附金）
　　　　　………全額「損金算入」と認められる。

ロ．特定公益増進法人（日本原子力研究所，日本育英会，日本赤十字社など特別に定められた法人）**及び認定特定非営利活動法人に対する寄附金**……次の一般の寄附金の損金算入の限度額と別枠で損金算入限度額を計算し，「損金算入」となる。

ハ．一般の寄附金………損金算入限度額まで「損金算入」となる。

○損金算入限度額と損金不算入額は，次の算式により計算した金額である。

① 一般の寄附金の損金算入限度額

　i 資本基準

$$期末資本金等の額^{(注)} \times \frac{事業年度の月数}{12} \times \frac{2.5}{1,000}$$

（注）令和4年4月1日以降に開始する事業年度から，税務上の資本金等の額から，会計上の資本金の額及び資本準備金の額の合計額（もしくは出資金の額）へと変更されている。

　ii 所得基準

$$寄附金支出前所得金額（別表四「仮計」＋寄附金の額）\times \frac{2.5}{100}$$

　iii 損金算入限度額

$$(i + ii) \times \frac{1}{4} ＝損金算入限度額$$

② 特定公益増進法人及び認定特定非営利活動法人に対する寄附金の損金算入限度額（特別損金算入限度額）

　i 資本基準

$$期末資本金等の額 \times \frac{事業年度の月数}{12} \times \frac{3.75}{1,000}$$

　ii 所得基準

$$寄附金支出前所得金額（別表四「仮計」＋寄附金の額）\times \frac{6.25}{100}$$

　iii 損金算入限度額

$$(i + ii) \times \frac{1}{2} ＝損金算入限度額（特定公益法人等に支出した寄附金の額を限度とする）$$

③ 寄附金の損金不算入額

寄附金の額－（指定寄附金等＋①の損金算入限度額＋②の損金算入限度額）

＝損金不算入額

なお，別表四「仮計」については，第5章の「法人税額の計算」のところで詳しく学習する。

(3) **寄附金の損金算入時期**

　寄附金はその支出した事業年度の損金算入限度額の計算の対象となるため，未払金に計上したものはその期の計算の対象とならず，また仮払金に計上したものがその期の支出である場合には，それを含めて計算をする。

設 例

1. 秋桜株式会社の当期における次の資料により，寄附金の損金不算入額の計算をしなさい。（会計期間1年間）

＜資 料＞

1. 期末資本金の額と資本準備金の額の合計額　　80,000,000円
2. 当期損金経理した一般寄附金の支出額　　　　　300,000円
3. 申告書別表四の仮計（総額欄）の金額　　　　6,540,000円

(1) 寄附金支出前所得金額

円	$\overset{+}{-}$	円	＝	円

（＋，－のいずれかを○で囲む）

(2) 資本基準額

$$\boxed{円} \times \frac{\boxed{}}{12} \times \frac{2.5}{1,000} = \boxed{円}$$

(3) 所得基準額

$$\boxed{円} \times \frac{2.5}{100} = \boxed{円}$$

(4) 損金算入限度額

$$\left(\boxed{円} + \boxed{円}\right) \times \frac{\boxed{}}{\boxed{}} = \boxed{円}$$

(5) 損金不算入額

$$\boxed{円} - \boxed{円} = \boxed{円}$$

【解答】

(1) 寄附金支出前所得金額

6,540,000円 ⊕ 300,000円＝6,840,000円

（＋，－のいずれかを○で囲む）

(2) 資本基準額

$$80,000,000円 \times \frac{12}{12} \times \frac{2.5}{1,000} = 200,000円$$

(3) 所得基準額

$$6,840,000円 \times \frac{2.5}{100} = 171,000円$$

(4) 損金算入限度額

$$(200,000円 + 171,000円) \times \frac{1}{4} = 92,750円$$

(5) 損金不算入額

300,000円 － 92,750円 ＝ 207,250円

設　例

1. 長野株式会社の当期における次の資料により，寄附金の損金不算入額の計算をしなさい。（会計期間1年間）

<資　料>

1. 期末資本金の額と資本準備金の額の合計額　　80,000,000円
2. 当期損金経理した寄附金の支出額　　　　　　1,000,000円
   内訳：指定寄附金等　　　　　　　　　　　　　450,000円
   　　　特定公益増進法人に対する寄附金　　　　250,000円
   　　　一般寄附金　　　　　　　　　　　　　　300,000円
3. 申告書別表四の仮計（総額欄）の金額　　　　6,540,000円

(1) 寄附金支出前所得金額

　　　　　　　　円　$\dfrac{+}{-}$　　　　　　　円　＝　　　　　　　円

　　　（＋，－のいずれかを○で囲む）

(2) 損金算入限度額

　　① 一般寄附金の損金算入限度額

　　　(イ) 資本基準額

　　　　　　　　円 × $\dfrac{\boxed{}}{12}$ × $\dfrac{2.5}{1,000}$ ＝　　　　　　　円

　　　(ロ) 所得基準額

　　　　　　　　円 × $\dfrac{2.5}{100}$ ＝　　　　　　　円

　　　(ハ) 損金算入限度額

　　　　（　　　　　円 ＋　　　　　円）× $\dfrac{}{}$ ＝　　　　　　　円

　　② 特別損金算入限度額

　　　(イ) 資本基準額

　　　　　　　　円 × $\dfrac{\boxed{}}{12}$ × $\dfrac{\boxed{}}{1,000}$ ＝　　　　　　　円

　　　(ロ) 所得基準額

　　　　　　　　円 × $\dfrac{\boxed{}}{12}$ × $\dfrac{\boxed{}}{100}$ ＝　　　　　　　円

　　　(ハ) 損金算入限度額

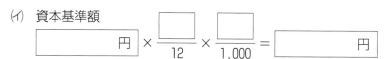

　　　　（　　　　　円 ＋　　　　　円）× $\dfrac{}{}$

　　　　＝　　　　　円 $\displaystyle{>\atop<}$ 　　　　　円　　∴ 　　　　　円

　　　　　（＞，＜のいずれかを○で囲む）

(3) 指定寄附金等　　　　　　　円

(4) 損金不算入額

　　　　　　円 －　　　　　　円 －　　　　　　円 －　　　　　　円

　　＝　　　　　　円

【解答】 (1) 寄附金支出前所得金額

$$6,540,000円 \oplus 1,000,000円 = 7,540,000円$$

（＋，－のいずれかを○で囲む）

(2) 損金算入限度額

① 一般寄附金の損金算入限度額

(イ) 資本基準額
$$80,000,000円 \times \frac{12}{12} \times \frac{2.5}{1,000} = 200,000円$$

(ロ) 所得基準額
$$7,540,000円 \times \frac{2.5}{100} = 188,500円$$

(ハ) 損金算入限度額
$$(200,000円 + 188,500円) \times \frac{1}{4} = 97,125円$$

② 特別損金算入限度額

(イ) 資本基準額
$$80,000,000円 \times \frac{12}{12} \times \frac{3.75}{1,000} = 300,000円$$

(ロ) 所得基準額
$$7,540,000円 \times \frac{12}{12} \times \frac{6.25}{100} = 471,250円$$

(ハ) 損金算入限度額
$$(300,000円 + 471,250円) \times \frac{1}{2} = 385,625円 > 250,000円 \qquad \therefore 250,000円$$

(3) 指定寄附金等　　450,000円

(4) 損金不算入額
$$1,000,000円 - 450,000円 - 250,000円 - 97,125円 = 202,875円$$

練 習 問 題

1．次の資料により，仙台株式会社の当期における寄附金の損金不算入額の計算をしなさい。事業年度は1年間とする。

＜資　料＞

1．期末資本金の額と資本準備金の額の合計額　　70,000,000円

2．当期損金経理した一般寄附金の支出額　　　　　500,000円

3．申告書別表四の仮計（総額欄）の金額　　　5,540,000円

(1) 寄附金支出前所得金額

$$\boxed{\qquad 円} \begin{array}{c} + \\ - \end{array} \boxed{\qquad 円} = \boxed{\qquad 円}$$

（＋，－のいずれかを○で囲む）

(2) 資本基準額

$$\boxed{\qquad 円} \times \frac{\boxed{\quad}}{12} \times \frac{2.5}{1,000} = \boxed{\qquad 円}$$

(3) 所得基準額

$$\boxed{\qquad 円} \times \frac{2.5}{100} = \boxed{\qquad 円}$$

(4) 損金算入限度額

$$\left(\boxed{\qquad 円} + \boxed{\qquad 円} \right) \times \frac{\boxed{\quad}}{\boxed{\quad}} = \boxed{\qquad 円}$$

(5) 損金不算入額

$$\boxed{\text{円}} - \boxed{\text{円}} = \boxed{\text{円}}$$

8 租税公課及び罰科金

法人が納付する**租税公課等**には種々のものがあり，法人税法では，損金の額に算入されるものと損金の額に算入できないものとに区別される。

(1) 損金の額に算入できない租税公課等

次の租税公課等は，損金の額に算入できない。

i　法人税（中間納付額を含む）

ii　国税にかかる延滞税・過少申告加算税・無申告加算税・不納付加算税・重加算税など

iii　都道府県民税及び市町村民税

iv　地方税にかかる延滞金・過少申告加算金・不申告加算金・重加算金など

v　罰金，科料，過料，交通反則金

vi　法人税額から控除される源泉徴収所得税及び外国法人税（これを「税額控除」という。第5章「法人税額の計算」参照のこと）

(2) 損金の額に算入できる租税公課等

次の租税公課等は，損金の額に算入できる。

i 固定資産税　ii 事業税　iii 自動車税　iv 利子税（法人税の確定申告期限の延長や延納が認められる期間に要する利子，及び地方税の延滞金のうち住民税や事業税の徴収猶予や納期限の延納期間にかかる利子に相当するもの）v 消費税　vi 印紙税　vii 公課（商工会議所等の会費など）など

このうち事業税は，申告事業年度の翌事業年度の損金となる。なお，中間申告分は期中に納付し，損金経理すればその事業年度の損金とすることができる。

(3) 納税充当金

納税充当金とは，未払いの法人税，住民税，事業税のことを指し，決算処理上「未払法人税等」の科目として，貸借対照表の負債の部に計上される。

納税充当金を計上する場合には，その対象となる法人税，住民税が損金の額に算入できない租税公課であり，また事業税は翌事業年度に損金となるものであるため，当期に計上した金額は，その事業年度の所得金額に加算される（「損金の額に算入した納税充当金」として，申告書別表4で加算）。

なお，翌事業年度において，前期の法人税，住民税および事業税を納付し，納税充当金を取崩した場合には，納付した事業税について，「納税充当金から支出した事業税等の金額」として，その事業年度の所得金額から減算する（申告書別表4で減算）。

設　例

1. 次の租税公課を，損金になるものとならないものとに区別し，解答欄に番号を記入しなさい。

　1．法人税　　2．事業税　　3．市町村民税　　4．固定資産税　　5．延滞税

　6．自動車税　　7．徴収猶予期間に係る道府県民税の延滞金　　8．重加算税

　9．印紙税　　10．過少申告加算税

損金となるもの						
損金とならないもの						

2. 次の取引の仕訳をしなさい。

(1) 中間申告に基づく法人税等2,500,000円を，小切手振出しにより納付し仮払経理した（仮払法人税等勘定）。

(2) 当事業年度の法人税額は6,250,000円と計算されたので，法人税等勘定に計上することとした。よって，仮払経理した上記(1)の法人税を振替えるとともに，確定申告により納付すべき法人税額3,750,000円を納税充当金とした。

(3) 確定申告に基づき，法人税6,000,000円，住民税1,000,000円，事業税1,900,000円を小切手振出しにより納付した。なお，前期より繰越した納税充当金7,000,000円を充当し，事業税（租税公課勘定）は全額損金経理した。

	借方科目	金額	貸方科目	金額
(1)				
(2)				
(3)				

【解答】　1．損金となるもの　　2，4，6，7，9
　　　　　　損金とならないもの　　1，3，5，8，10

　　2．(1)（借）仮払法人税等　2,500,000　（貸）当座預金　2,500,000
　　　　(2)（借）法人税等　6,250,000　（貸）仮払法人税等　2,500,000
　　　　　　　　　　　　　　　　　　　　　　納税充当金＊　3,750,000
　　　　(3)（借）納税充当金＊　7,000,000　（貸）当座預金　8,900,000
　　　　　　　　租税公課　1,900,000

　　＊納税充当金勘定は「未払法人税等勘定」でもよい。

1．次に示した租税公課のうち，損金の額に算入できるものには○印を，損金の額に算入できないものには×印を，各租税公課の末尾に設けた（　　　）内に記入しなさい。

　　1．法人税本税　　（　　　）　　2．法人事業税本税　（　　　）　　3．固定資産税　（　　　）

　　4．不納付加算税　（　　　）　　5．印紙税本税　　　（　　　）　　6．延滞税　　　（　　　）

　　7．利子税　　　　（　　　）　　8．自動車税　　　　（　　　）　　9．法人県民税　（　　　）

　10．罰　金　　　　（　　　）

2．次の各文章のうち，正しいものには○印を，誤っているものには×印を，各文章末尾の（　　　）内に記入しなさい。

　⑴　法人が納付した法人税の額は，損金経理することを条件に，その全額を損金の額に算入することが出来る。（　　　）

　⑵　法人税，道府県民税，市町村民税などの税金は，特定の場合を除き，所得の金額の計算上損金の額に算入されない。（　　　）

3．次の一連の取引の仕訳を示しなさい。ただし，勘定科目については下に示したものを使用すること。

　　　　当座預金　　　租税公課　　　法人税等　　　仮払法人税等　　　未払法人税等

　⑴　中間申告に基づいて，法人税，県民税及び市民税，事業税の合計額2,800,000円を小切手を振出して納付し，仮払経理した。

　⑵　決算に当たり，法人税，県民税及び市民税，事業税の合計額7,000,000円を見積り計上した。この場合，仮払経理した中間申告分の法人税等を振替処理するとともに，残額を未払計上することとした。

　⑶　確定申告に基づき，法人税3,100,000円，県民税及び市民税530,000円，事業税740,000円を小切手を振出して納付したが，前期から繰越された未払法人税等の額を超える金額相当額については費用計上した。

	借　方　科　目	金　　　額	貸　方　科　目	金　　　額
⑴				
⑵				
⑶				

4 「損金の額」の計算

⑨ 交際費等

(1) 交際費等の意義

　税法上の**交際費等**とは，交際費，接待費，機密費その他の費用で，法人がその得意先，仕入先，その他事業に関係のある者に対する接待，供応，慰安，贈答，その他これらに類する行為のために支出するものをいう。

　法人が支出する交際費等は，寄附金と異なり，事業遂行上必要経費であり，税法上も損金の額に算入されるべきものである。しかし，交際費等の支出をすべて損金の額に算入すると，交際費等の支出が過度になり，企業の資本蓄積ができなくなり，強い社会的批判も出てくる。したがって，交際費等の支出額を削減し，資本蓄積を促進する目的で損金の額の算入を規制している。

　交際費等の支出は，接待等の行為があった時に行われたものと考えられるため，仮払・未払処理でも限度額計算の対象となる。

設 例

　次の文章の（　　）の中にあてはまる語を，下記の語群から選び，記号で記入しなさい。

　税法上の交際費等とは，交際費・（　　）・機密費その他の費用で，法人がその得意先・（　　）・その他事業に関係のある者に対する接待・（　　）・慰安・贈答・その他これらに類する行為のために支出するものをいう。

　交際費等の支出をすべて（　　）に算入すると，交際費等の支出が（　　）になり，企業の（　　）ができなくなり，社会的批判も出てくる。したがって，交際費等の支出額を削減し，資本蓄積を促進する目的で損金の額の算入を（　　）している。

　＜語 群＞
　ア．資本蓄積　　イ．過 度　　ウ．規 制　　エ．仕入先
　オ．供 応　　カ．損金の額　　キ．接待費

【解答】 順に，キ，エ，オ，カ，イ，ア，ウ

(2) 交際費等の判定

① 交際費等に該当するもの

　i 得意先，仕入先等に対する旅行，観劇等に招待する費用

　ii 得意先，仕入先等に対する接待，供応，慰安，贈答等に用する費用

　iii 得意先，仕入先等社外の者の慶弔，禍福に際し支出する金品等の費用

② 交際費等に該当しないもの

　i 従業員の慰安のために行われる旅行，運動会などの費用で通常要するもの（福利厚生費として処理される）

　ii カレンダー，手帳等の配布のために通常要する費用（広告宣伝費として処理される）

　iii 会議に関連して茶菓子代，弁当代その他これに類する費用（会議費等で処理される）

　iv 一人当たり10,000円以下の飲食費用（役職員の間の飲食費を除く）（会議費等で処理される）

次の損金のうち，交際費に該当するものと該当しないものに判別し，解答欄に番号で記入しなさい。

1. 企業手帳の作成費用　　2. 政治献金　　　　　3. 従業員の運動会の運営費
4. 仕入先の慶弔費　　　　5. 得意先の親睦旅行費用　6. 神社への寄附金

交際費等に該当するもの				
交際費等に該当しないもの				

【解答】　交際費等に該当するもの　　4，5
　　　　　交際費等に該当しないもの　1，2，3，6

(3) 使途不明交際費

交際費という名目で支出しても，その使いみちのわからないもの，または会社の仕事のために使ったことがわからないものは，損金の額に算入できない。

(4) 交際費等の損金不算入額

法人が支出する交際費等は，原則として損金に算入されない。ただし，令和9年3月31日までの間に開始する事業年度において支出する交際費等のうち，接待飲食費（一人当たり10,000円以下のもの等を除く）の50%相当額については損金に算入される（資本金の額等が100億円を超える法人を除く）。

なお，期末資本金額又は出資金額が1億円以下等の要件を満たす中小法人については，次の算式により計算した金額が損金不算入となる。

(1) 損金算入限度額……①と②のいずれか多い金額

① 定額控除限度額（800万円×当期の月数／12）

② 接待飲食費の50%

(2) 損金不算入額

　　　支出交際費等の額－損金算入限度額＝損金不算入額

各社の交際費の定額控除額と損金不算入額を計算しなさい。なお各社ともに事業年度は，令和6年4月1日から令和7年3月31日までとなっている。なお，接待飲食費については考慮しないものとする。

	資　本　金	支出交際費	定額控除額	損金不算入額
A 社	2 億円	6,000,000円	円	円
B 社	4千万円	8,500,000円	円	円
C 社	8百万円	3,800,000円	円	円

【解答】
　　　　　　　支出交際費　　　定額控除額　　損金不算入額
　A社　6,000,000円 － 　　　　0 円 → 6,000,000円
　B社　8,500,000円 － 8,000,000円 → 　500,000円
　C社　3,800,000円 － 8,000,000円 → 　　　　0 円

（注）年800万円以下の支出額のときには，支出額の全額が損金算入される。

練習問題

1. 次の文章が，正しい場合には○印を，誤っている場合には×印を，文章の末尾の（　　　）内に記入しなさい。

交際費の支出額については，損金算入限度額の定めがなく，支出金額の全額を損金の額に算入できるが，寄附金の支出額については，損金算入限度額の定めがあって，その限度額を超える部分の金額は，損金の額に算入されない。（　　　）

2. 次の資料から盛岡株式会社（資本金20,000,000円）の交際費の損金不算入額を計算しなさい。
なお事業年度は，令和5年4月1日から令和6年3月31日までとなっている。

当社が交際費として損金経理した額は次のとおりである。

(1) 飲食代　　　　　　　　　　　　　3,600,000円（内600,000円は，会議費に該当する）
(2) 政治団体への献金　　　　　　　　1,200,000円
(3) 仕入先に対する慰安のための宿泊代金等　3,500,000円
(4) その他交際費に該当する費用　　　2,300,000円

交際費等の金額　　　　⬚ 円 ＋ ⬚ 円 ＋ ⬚ 円

＝ ⬚ 円

損金算入限度額

(1) 定 額 控 除 額　　⬚ 円 × ⬚/12 ＝ ⬚ 円

(2) 接待飲食費の50%　⬚ 円 × 50% ＝ ⬚ 円

(3) (1) ≦/> (2)　　よって ⬚ 円

（いずれかに○）

損金不算入額　　⬚ 円 － ⬚ 円 ＝ ⬚ 円

🔟 圧縮記帳

(1) 圧縮記帳の意義

　法人が，国からの補助金や火災により受取った保険金等（「補助金等」という）は，法人税では原則として「益金の額」に算入することになり，課税の対象となる。したがって，補助金等により新資産を購入しようとすると，結果的に課税後の補助金等で購入しなければならなくなり，新資産の購入資金に不足をきたすことになる。

　そこで税法では，補助金等で購入した新資産の取得価額を減額することで，その減額分を「損金の額」に算入する制度を採用している。この制度を「**圧縮記帳**」という。

　固定資産を圧縮記帳すると，その圧縮した後の金額が取得価額となり，本来の取得価額よりも少なくなっている。したがって，毎決算期に減価償却すると，圧縮記帳後の取得価額を基に計算するので，その分だけ減価償却費の金額が少なくなり，結果的に所得金額が多くなり，税金をその分だけ多く納める必要が出てくる。つまり，圧縮記帳により一時に課税されなかった分を，固定資産の耐用年数期間にわたって減価償却を通じて取り戻すことになる。この意味で圧縮記帳は課税の免除ではなく，**課税の繰り延べ**の制度である。

　圧縮記帳は原則として固定資産についてのみ認められるが，次のようなものがある。

イ．国庫補助金等で取得した固定資産の圧縮記帳

ロ．保険金等で取得した固定資産の圧縮記帳

ハ．交換により取得した固定資産の圧縮記帳，など

設　例

　次の文章の（　　　）の中にあてはまる語を，下記の語群から選び，記号で記入しなさい。

　圧縮記帳とは，（　　　）により取得した固定資産，保険金により取得した固定資産，及び（　　　）により取得した固定資産などで，（　　　）の繰り延べを図る目的でその固定資産の（　　　）を（　　　）する制度のことである。

　＜語　群＞　　ア．減額　　イ．課税　　ウ．国庫補助金等　　エ．交換　　オ．取得価額

【解答】　順に，ウ，エ，イ，オ，ア

(2) 国庫補助金等で取得した固定資産の圧縮記帳

国や地方公共団体から補助金や助成金（**「国庫補助金等」**という）を受取り，その目的に適合した固定資産を取得したり，改良したりする場合で，期末までにその返還を必要としない場合に限られる。

国庫補助金等を受取った場合には，「国庫補助金収入」等又は「雑益」で処理して益金の額に算入するとともに，圧縮記帳できる金額を損金経理の方法で損金の金額に算入することとなる。損金算入限度額は，固定資産の取得にあてた国庫補助金等の額の範囲内に限られる。

国庫補助金等受入額＝圧縮限度額（＝損金算入限度額）

設 例

次の一連の取引の仕訳を示しなさい。

(1) 機械装置の購入資金の一部として，返済不要の国の補助金2,000,000円を現金で受取った。

(2) 上記の補助金に自己資金3,000,000円を加え，目的に適合した機械装置5,000,000円を現金で購入した。

(3) 機械装置の圧縮記帳をした。

	借　　方	金　　額	貸　　方	金　　額
1				
2				
3				

【解答】

	借方	金額	貸方	金額
1.	（借）現　　　　　金	2,000,000	（貸）国庫補助金収入（雑　　益）	2,000,000
2.	（借）機　械　装　置	5,000,000	（貸）現　　　　　金	5,000,000
3.	（借）固定資産圧縮損	2,000,000	（貸）機　械　装　置	2,000,000

4
「損金の額」の計算

⑶ 保険金で取得した固定資産の圧縮記帳

　火災などにより建物や機械装置などの固定資産が損害を受け，固定資産の帳簿価額よりも多い保険金を受取った場合には，保険金の金額から固定資産の帳簿残高と跡片付け費用を控除した差額を**「保険差益」**勘定で処理し，益金の額に算入する。後日，保険金を使用して代替の固定資産を取得した場合に，次の算式の範囲内の金額を圧縮記帳により損金の額に算入できる。

$$保険差益 \times \frac{代替資産の取得価額}{受取保険金} = 圧縮限度額（＝損金算入限度額）$$

　上記の式中の分子の「代替資産の取得価額」は，分母の受取保険金の金額を限度とし，分母の「受取保険金」は，滅失または損壊によって支出する経費を控除した金額をいう。

　なお滅失または損壊によって支出する経費とは，固定資産の取壊し費用，焼跡の整理費用，消防費用など固定資産の滅失等に直接関連する費用であるが，類焼者に対する賠償金，見舞金，弔慰金，謝罪広告費など固定資産の滅失に直接関連しない費用は含まれない。

設　例

次の一連の取引の仕訳を示しなさい。なお，圧縮限度額については計算式を書きなさい。

1．工場建物（帳簿価額3,000,000円）が火災により焼失したため，保険金5,000,000円を現金で受取った。

2．受取保険金に自己資金4,000,000円を加え，新たに工場建物9,000,000円を取得し現金で支払った。

3．上記工場建物に対して圧縮記帳した。

	借　　　方	金　　額	貸　　　方	金　　額
1				
2				
3				

圧縮限度額の計算

$$\boxed{円} \times \frac{\boxed{円}}{\boxed{円}} = \boxed{円}$$

【解答】　1．（借）現　　　　金　5,000,000　（貸）建　　　　物　3,000,000
　　　　　　　　　　　　　　　　　　　　　　　保　険　差　益　2,000,000
　　　　　2．（借）建　　　　物　9,000,000　（貸）現　　　　金　9,000,000
　　　　　3．（借）固定資産圧縮損　2,000,000　（貸）建　　　　物　2,000,000

　　　　　　圧縮限度額の計算
　　　　　　　$2,000,000円 \times \dfrac{5,000,000円}{5,000,000円} = 2,000,000円$

⑷ **交換により取得した固定資産の圧縮記帳**

① **圧縮記帳の対象となる交換**

固定資産の**交換**は，譲渡の一形態と考えられるので，原則として帳簿価額と時価との差額（**「交換差益」**という）は譲渡損益となる。しかし，お互いにあまり現金収支を伴わず同じ種類，同じ用途の固定資産の交換を行う場合（ただし，土地，建物，機械装置，船舶，鉱業権に限る）には，圧縮記帳により交換差益を限度として損金の額に算入できる。

なお税法上交換による圧縮記帳が認められるのは，下記のすべての要件を満たす場合である。

i 交換による譲渡資産と取得資産が，土地と土地，建物と建物のように互いに同じ種類の資産であること。

ii 譲渡資産も取得資産も固定資産であること。

iii 譲渡資産も取得資産も，それぞれの所有者がともに1年以上所有していたものであること。

iv 取得資産は，相手方が交換するために取得した資産でないこと。

v 取得資産を交換譲渡資産の交換直前の用途と同じ用途に使用すること。

vi 交換した時における譲渡資産の価額（時価）と取得資産の価額（時価）との差額が，これらの時価のうちいずれか高い方の価額の20%以内であること。

② **圧縮限度額**

交換による圧縮限度額は，交換差金の有無等により，次の算式である。

a）資産を交換しただけ

取得資産の時価－（譲渡資産の帳簿価額＋譲渡経費）

b）交換差金を受取った

取得資産の時価－（譲渡資産の帳簿価額＋譲渡経費）$\times \dfrac{取得資産の時価}{取得資産の時価＋交換差金}$

c）交換差金を支払った

取得資産の時価－（譲渡資産の帳簿価額＋譲渡経費＋交換差金）

設 例

次の一連の取引の仕訳を示しなさい。

1．当社が所有する土地（帳簿価額1,000,000円，時価4,000,000円）と札幌商店が所有する土地（時価5,000,000円）とを交換し，時価との差額1,000,000円を現金で支払った。

2．上記土地の交換は圧縮記帳の条件を満たしているので、圧縮記帳した。

	借 方	金 額	貸 方	金 額
1				
2				

【解答】 1．（借）土 地 5,000,000 （貸）土 地 1,000,000
現 金 1,000,000
交 換 差 益 3,000,000

2．（借）固定資産圧縮損 3,000,000 （貸）土 地 3,000,000

設　例

　エイコー商事株式会社とＺ株式会社の間で，次に掲げる土地の交換をした。両社についてそれぞれの取得した土地の圧縮限度額を計算しなさい。なお，税法上の圧縮記帳の条件は満している。

＜資　料＞

1. エイコー商事株式会社がＺ株式会社から交換により取得した土地
　　時価　92,000,000円（Ｚ株式会社の帳簿価額36,000,000円）

2. Ｚ株式会社がエイコー商事株式会社から交換により取得した土地
　　時価　80,000,000円（エイコー商事株式会社の帳簿価額28,000,000円）

3. エイコー商事株式会社はこの取引にあたり，譲渡経費3,000,000円を支出し，また，Ｚ株式会社に対して交換差金12,000,000円を支払った。

4. Ｚ株式会社はこの取引にあたり，譲渡経費2,640,000円を支出し，また，エイコー商事株式会社から交換差金12,000,000円を受取った。

5. この交換は，圧縮記帳の要件をすべて満たしている。

　1. エイコー商事株式会社

　2. Ｚ株式会社

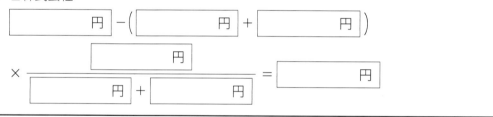

【解答】　1. エイコー商事株式会社

　　　　　取得土地時価92,000,000円－（譲渡土地簿価28,000,000円＋譲渡経費3,000,000円

　　　　　＋支払交換差金12,000,000円）＝圧縮限度額49,000,000円

　　　2. Ｚ株式会社

　　　　　取得土地時価80,000,000円－（譲渡土地簿価36,000,000円＋譲渡経費2,640,000円）

$$\times \frac{\text{取得土地時価}80,000,000円}{\text{取得土地時価}80,000,000円＋\text{受取交換差金}12,000,000円}$$

　　　　　＝圧縮限度額46,400,000円

練習問題

1. 次の一連の取引の仕訳を示しなさい。

(1) 工場用地取得のための購入資金の一部として、返済不要の国の補助金として現金12,000,000円を受取った。

(2) 上記の補助金に自己資金3,000,000円を加え、目的に適合した工場用地を15,000,000円を現金で購入した。

(3) 工場用地の圧縮記帳をした。

	借　方	金　額	貸　方	金　額
1				
2				
3				

2. 次の固定資産の圧縮限度額を計算しなさい。

(1) 焼失した工場建物の帳簿価額　　　　　3,000,000円

(2) 保険会社から受取った保険金　　　　10,000,000円

(3) 新工場建物の取得原価　　　　　　　14,000,000円

(4) 焼跡の整理費用　　　　　　　　　　　500,000円

保険差益の額　$\left(\boxed{\qquad 円} - \boxed{\qquad 円} \right) - \boxed{\qquad 円}$

$= \boxed{\qquad 円}$

圧縮限度額

$\boxed{\qquad 円} \times \dfrac{\boxed{\qquad 円}\text{（分母を限度とする）}}{\boxed{\qquad 円} - \boxed{\qquad 円}} = \boxed{\qquad 円}$

3. 節分株式会社の次の一連の取引を仕訳で示しなさい。

(1) 当社所有土地（帳簿価額4,000,000円、時価10,000,000円）と立春株式会社所有の土地（時価11,000,000円）とを交換し、当社が交換差金（時価との差額）1,000,000円を現金で支払った。

(2) 交換によって取得した土地11,000,000円は、圧縮記帳の対象となる条件を満たしているので、(1)で計上した交換差益につき、取得した土地の帳簿価額を直接減額して固定資産圧縮損勘定に振替える方法により、圧縮記帳の処理をした。

	借　方	金　額	貸　方	金　額
1				
2				

11 貸倒損失

(1) 貸倒れの意義と貸倒損失

貸倒れとは，売掛金，受取手形，貸付金その他債権（これらを「**金銭債権**」という）が，得意先等の倒産などにより回収不能となることをいう。貸倒れによる損失を「**貸倒損失**」といい，税法上損金の額に算入できる。

しかし，貸倒損失の計上を法人の都合で任意に行うと，課税上不公平が生じかねないので，法人税法では「一定の回収不能という事実」が生じた時にのみ，切捨てられた金銭債権の金額をその事業年度の損金の額に算入できることになっている。

(2) 一定の回収不能の事実と「貸倒損失」の金額

一定の回収不能の事実が発生したときには，次のものが該当する。

イ．法律的に債権が消滅したとき

ロ．イの事実がないときには，その全額の回収不能が明らかになったとき

ハ．売掛金や受取手形などの売掛債権については1年以上取引を停止したとき

イは，会社更生法などの法律上の手続きによるものや，債権者の集会による協議決定などがある。これらの事実の発生は当然に貸倒れとなるので，法人が損金経理していようといまいと切捨てられた部分を貸倒損失として損金の額に算入できる。

ロは，債務者の資産状況，支払能力等からみて金銭債権の「全額」の回収不能が明らかになったときに，明らかになった事業年度において，損金経理により損金の額に算入できる。しかし，一部でも回収の見込がある場合には，損金の額には算入できない。

ハは，売掛金や受取手形などの売掛債権に限定して適用できるもので，貸付金などの債権には適用できない。売掛債権については，1円以上の備忘価額を控除した残額に対して，損金経理により貸倒損失が計上できる。

> **設 例**
>
> 次の文章の（　　　）の中にあてはまる語を，下記の語群から選び，記号で記入しなさい。
>
> 貸倒れとは，売掛金，受取手形，貸付金その他の債権（これを「（　　　）」という）が，得意先等の倒産などにより（　　　）となることをいう。貸倒れによる損失を「（　　　）」といい，法人税では，損金の額に算入できる。
>
> しかし，貸倒損失の計上を法人の都合で（　　　）に行うと，課税上不公平が生じかねないので，法人税では「一定の回収不能という事実」が生じた時にのみ，その切捨てられた金額をその事業年度の（　　　）に算入できることになっている。
>
> なお，「一定の回収不能の事実」とは，次の3つである。
>
> イ．法律的に債権が（　　　）したとき
>
> ロ．イの事実がないときには，その（　　　）の回収不能が明らかになったとき
>
> ハ．売掛金や受取手形などの売掛債権については1年以上取引を（　　　）したとき
>
> | ＜語 群＞ | ア．金銭債権 | イ．停 止 | ウ．消 滅 | エ．任 意 |
> | --- | --- | --- | --- | --- |
> | | オ．全 額 | カ．貸倒損失 | キ．損金の額 | ク．回収不能 |

【解答】 順に，ア，ク，カ，エ，キ，ウ，オ，イ

12 貸倒引当金

法人税法では，債務確定主義の原則から，原則として将来発生する費用を見越し計上することはできない。そこで**「別段の定め」**を設けて一定の引当金に限りその計上を認めている。

(1) 貸倒引当金の意義

法人が期末に所有する金銭債権については，将来発生する貸倒れによる損失を見込んで，損金経理により**貸倒引当金**を設け，毎事業年度一定の繰入額を損金の額に算入できる。

(2) 貸倒引当金の設定の対象

① 金銭債権となるもの

貸倒引当金の対象となる税法上の金銭債権といわれるものには，次のようなものがある。

イ．売掛金

ロ．受取手形（割引手形，裏書手形を含む）

ハ．貸付金

ニ．未収手数料・未収地代・貸付金の未収利子等その他これらに準ずるものなど

② 金銭債権とはならないもの

次のものは金銭債権とはならないので，貸倒引当金は設定できない。

イ．預貯金及びその未収利子，公社債の未収利子，未収配当金など

ロ．いずれ返してもらえる差入保証金・敷金・預け金

ハ．商品などの内金や手付としての手付金・前渡金

ニ．いずれ精算される前払給料・仮払旅費・前渡交際費

③ 実質的に債権にならないもの

同一人に対し債権と債務がある場合には，債権又は債務のいずれか少ない金額を実質的に債権とみられないものとして金銭債権から控除する。実質的に債権とみられないものの金額は，債務者ごとに判定し，債権が債務より少ないときにはその債権者に対する金銭債権はゼロとなり，貸倒引当金の設定はできない。

設 例

製造業を営む中央産業株式会社（期末資本金9,000万円）の下記の資料を参照して，当期における貸倒引当金の対象となる期末金銭債権の額を計算しなさい。

1．期末金銭債権の内訳

(1) 受取手形　15,000,000円（このほか割引手形の未決済高5,500,000円がある。）

(2) 売掛金　18,000,000円（このうちには，甲社に対する売掛金800,000円が含まれているが，同社に対しては，買掛金1,000,000円がある。）

(3) 貸付金　2,000,000円

(4) 仮払金　80,000円（仮払金は全額，概算払旅費の未精算額である。）

$$\left(\boxed{\qquad 円}+\boxed{\qquad 円}\right)+\left(\boxed{\qquad 円}-\boxed{\qquad 円}\right)$$

$$+\boxed{\qquad 円}=\boxed{\qquad 円}$$

【解答】 （15,000,000円＋5,500,000円）＋（18,000,000円－※800,000円）

　　　＋2,000,000円＝39,700,000円

　　　※ 800,000＜1,000,000円　　∴ 800,000

⑶ **貸倒引当金の繰入限度額**

　　貸倒引当金繰入限度額は，期末金銭債権を①個別に評価する金銭債権（その一部につき回収が不能と見込まれる債権に限る。）と，②一括して評価するその他の金銭債権とに区別し，それぞれ別々の基準で繰入限度額を計算したものの合計額となる。

　　なお，貸倒引当金制度の適用法人は，銀行・保険会社その他これらに類する法人及び期末資本金の額が１億円以下等の中小法人等に限定されており，上記以外の法人については，貸倒引当金の繰入限度額を損金に算入することはできない。

① **期末金銭債権を個別に評価し貸倒引当金を設定するもの（個別評価分）**

　　個別評価金銭債権については，債務者ごとに下記により計算した金額の合計額を繰入限度額とする。

　Ａ．**長期棚上げがあった場合**

　　次のような事実により金銭債権の弁済が猶予され，又は分割払いにより弁済が猶予されることとなった場合に，５年以内に弁済されることになっている金額及び担保権の実行等により取立て等が見込まれる金額以外の金額。

　　　㋑　会社更生法の規定による更生計画認可の決定
　　　㋺　民事再生法の規定による再生計画認可の決定
　　　㋩　会社法の規定による特別清算に係る協定の認可
　　　㊁　法令の規定による整理手続によらない関係者の協議決定で次のもの
　　　　　ⓐ　債権者集会の協議決定で合理的な基準により債務者の負債整理を定めているもの
　　　　　ⓑ　行政機関，金融機関その他第三者のあっせんによる当該者間の協議により締結された契約で，その内容が上記に準ずるもの

$$繰入限度額 = \begin{array}{c} 弁済が猶予された \\ 金銭債権の額 \end{array} - \begin{array}{c} ５年以内に弁済されること \\ になっている金額等 \end{array}$$

　Ｂ．**債務者の債務超過の状態が相当期間継続している場合**

　　債務者について債務超過の状態が相当期間（１年以上）継続していて，事業に好転の見通しがないこと，災害，経済事情の急変等によって多大な損害が生じたことなどによって，その一部の金額について回収の見込みがないと認められる金額。

$$繰入限度額 = 金銭債権の額（Ａの金銭債権を除く） - 回収可能見込額$$

　Ｃ．**形式基準による方法**

　　債務者に次のような事実が生じた場合には，金銭債権の額（Ａ，Ｂの金銭債権を除き，実質的に債権とみられないものの額及び担保権の実行等による取立て等見込額を控除した残額）の50％以内の金額。

　　　㋑　会社更生法の規定による更生手続開始の申立て
　　　㋺　民事再生法の規定による再生手続開始の申立て
　　　㋩　破産法の規定による破産手続開始の申立て
　　　㊁　会社法の規定による特別清算開始の申立て
　　　㋭　手形交換所による銀行取引停止処分

$$繰入限度額 = （金銭債権の額 - 実質的に債権とみられないものの額等） \times 50\%$$

設 例

1. 次の文章の（　　　）の中にあてはまる語を，下記の語群から選び，記号で記入しなさい。

　　貸倒引当金繰入限度額は，期末金銭債権を①（　　　）に評価する金銭債権（その一部につき回収が不能となった債権に限る。）と②一括して評価するその他の金銭債権とに区別し，それぞれ別々の基準で計算したものの合計額である。

　　期末金銭債権を個別に評価して貸倒引当金を設定するものには，（　　　）があった場合や債務者の（　　　）の状態が１年以上継続していて事業の好転の見通しがなく，災害等により多大な損害が生じ，一部の金額について回収見込がない場合及び形式基準の方法による場合がある。

　　なお，（　　　）によれば，債務者等に，破産手続きの開始の申立てがあったこと，更生手続きの開始の申立てがあったこと，さらに（　　　）において取引の（　　　）があったことなど，の事実が発生していれば，金銭債権の（　　　）の金額を，（　　　）により貸倒引当金に計上できる。

<語　群>　ア．債務超過　　イ．手形交換所　　ウ．停止処分　　エ．損金経理
　　　　　オ．長期棚上げ　カ．50％以内　キ．形式基準　　ク．個　　別

2. 得意先山形商店が会社更生法の更生手続きの開始の申立てを行ったので，同社に対する売掛金2,000,000円に対して個別評価（形式基準）により最高限度額まで貸倒引当金に繰入れた。なお，同商店からは借入金800,000円がある。よって貸倒引当金繰入額を計算しなさい。

【解答】　1. 順に，ク，オ，ア，キ，イ，ウ，カ，エ
　　　　　2. （2,000,000円－800,000円）×50％＝600,000円

② 期末金銭債権を一括して評価し貸倒引当金を設定するもの（一括評価分）

（イ）実績繰入率による計算

繰入限度額＝期末の一括評価金銭債権の合計額 × 貸倒実績率

貸倒実績率とは，次の算式によって計算した割合である。

$$貸倒実績率＝\frac{当期首前３年以内に開始した各事業年度の貸倒損失等の額の合計額 × \frac{12}{左の各事業年度の月数の合計}}{当期首前３年以内に開始した各事業年度末の一括評価金銭債権の帳簿価額の合計額 ÷ 左の各事業年度の数}$$

（小数点以下４位未満切上げ）

（ロ）中小法人等の特例

　　期末資本金の額が１億円以下等の要件を満たす中小法人等が貸倒引当金の繰入れをする場合には，（イ）で計算した貸倒実績率によるか，その法人の営む主たる事業の区分に従って，次の法定繰入率によるかを選択して適用することができる。

$$繰入限度額＝\left(\begin{array}{c}期末の一括評価金銭\\債権の合計額\end{array}－\begin{array}{c}実質的に債権とみられ\\ないものの額\end{array}\right)×法定繰入率$$

※1　実質的に債権とみられないものの額

　　平成27年4月1日に存在していた法人については，(2)③の実額による実質的に債権とみられないものの額に代え，過去の実績により簡便に計算したものを選択することができる。

　　（簡便計算）

　　　実質的に債権とみられないものの額＝期末一括評価金銭債権の額×控除割合

$$控除割合＝\frac{分母のうち実質的に債権とみられないものの額の合計額}{基準年度の一括評価金銭債権の額の合計額}$$

　・控除割合は，小数点以下3位未満の端数切捨て。

　・基準年度とは，平成27年4月1日から平成29年3月31日までの間に開始した各事業年度をいう。

※2　法定繰入率

イ．卸売及び小売業		a．割賦販売小売業等 ………… $\frac{13}{1,000}$
（飲食店及び料理店業を営む。）		b．a以外 ……………… $\frac{10}{1,000}$
ロ．製造業（電気，ガス，水道，修理業を含む。）		$\frac{8}{1,000}$
ハ．金融業及び保険業 ………………		$\frac{3}{1,000}$
ニ．その他 ……………………		$\frac{6}{1,000}$

設　例

　製造等を営む中央産業株式会社（期末資本金9,000万円）の期末金銭債権の金額が38,000,000円であるときの，貸倒引当金繰入限度額を計算しなさい。

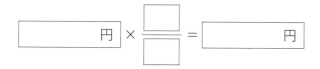

【解答】　$38,000,000円 \times \frac{8}{1,000} ＝304,000円$

(4)　翌期の処理

　　当期に損金の額に算入した貸倒引当金は，翌期に全額取崩して益金の額に算入する。

練 習 問 題

1．次の中から貸倒引当金の対象となる債権とそうでない債権とに区別し，解答欄に番号で記入しなさい。

　　1．前払給料　　2．割引手形　　3．預け金　　4．受取手形

　　5．未収家賃　　6．商品代金の手付金　　7．立替金　　8．売掛金

　　9．仮払旅費　　10．貸付金

対象となる債権						
対象とならない債権						

2. 卸売業を営むセントラル株式会社(期末資本金額6,500万円)の次の資料を基礎として,当期(1年間)における貸倒引当金の繰入限度額を計算しなさい。

＜資　料＞

1. 期末金銭債権の内訳

   (1) 受 取 手 形　22,500,000円（このほか裏書手形の未決済高6,500,000円がある。）

   (2) 売 掛 金　24,000,000円（このうちには,有限会社山下商店に対する売掛金900,000円が含まれているが,同社に対しては,支払手形1,100,000円がある。）

   (3) 貸 付 金　2,500,000円

   (4) 差入保証金　10,000,000円

   ① 期末金銭債権の額

   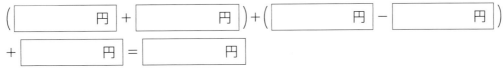

   ② 繰入限度額

   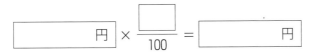

3. 次の資料は,昭和株式会社の当期(1年間)における貸倒引当金の繰入れに関するものであるが,これらの資料により繰入限度額を計算しなさい。

1. 期末現在の資本金額　　30,000,000円

2. 業　　種　　　　　　　製造業

3. 期末金銭債権の内訳

   (1) 受取手形15,400,000円（このうちA社から受領した手形1,200,000円は,同社が手形交換所取引停止処分を受けたことにより満期不渡りとなったものである）

   (2) 売掛金41,250,000円（このうちB社に対する売掛金600,000円があるが,B社に対しては買掛金1,100,000円がある）

   ① 個別評価による貸倒引当金繰入限度額（形式基準による）

   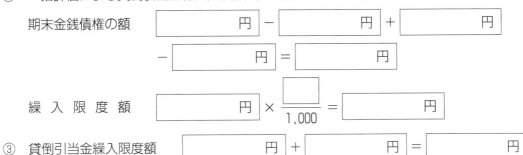

   ② 一括評価による貸倒引当金繰入限度額（法定繰入率による）

   期末金銭債権の額　　　　　　　　円　－　　　　　　円　＋　　　　　　円

   　　　　　　　　　－　　　　　　円　＝　　　　　　円

   繰 入 限 度 額　　　　　　　円　×　　　／1,000　＝　　　　　　円

   ③ 貸倒引当金繰入限度額　　　　　　　円　＋　　　　　　円　＝　　　　　　円

13 欠損金の繰越控除または繰戻還付

(1) 欠損金の繰越控除または繰戻還付の意義

欠損金とは，各事業年度の所得の計算上，当該事業年度の損金の額が益金の額を超えた場合のその超えた部分の金額をいい，原則としてこれを繰越して次期以降の所得金額から控除することはできない。しかし，欠損金が生じている場合には，将来の納税資金の欠乏から企業資本の維持ができなくなることも考えられる。そのため，将来の所得と相殺して課税する欠損金の繰越控除の制度が設けられている。

また，後述する一定の法人の各事業年度の欠損金額については，欠損金の繰越控除にかえて(3)の欠損金の繰戻しによる還付を受けることができる。

(2) 欠損金の生じた事業年度でも青色申告書を提出した場合

各事業年度において欠損金が生じた場合には，平成20年3月31日以前に終了した事業年度において生じた欠損金については7年間，平成20年4月1日以後終了事業年度～平成30年4月1日前に開始した事業年度に生じた欠損金については9年間，平成30年4月1日以後に開始する事業年度において生じた欠損金については10年間，次期以降の所得金額を限度として次期以降の損金の額に算入できる。この控除は，欠損金の生じた事業年度に青色申告書を提出しており，以後連続して確定申告書を提出している場合に認められるもので，控除を受けようとする事業年度は青色申告でなくてもかまわない。

また，欠損金の原因が，棚卸資産，固定資産などの災害に基づく損害による場合には，欠損金が生じた事業年度に青色申告書を提出していなくても（白色申告でも），青色申告書を提出した場合と同様の繰越控除が認められる。

なお，平成30年4月1日以後に開始する事業年度から，資本金1億円以下等の要件を満たす中小法人等以外の法人の欠損金の繰越控除については，その事業年度の繰越控除前の所得金額の50%とする限度が設けられている（中小法人等については，繰越控除前の所得金額の100%が限度）。

(3) 中小法人等の欠損金の繰戻還付

資本金の額又は出資金の額が1億円以下等の要件を満たす中小法人等は，各事業年度において生じた欠損金額がある場合には，欠損金発生事業年度前1年以内の事業年度に繰り戻して，その法人税の全部又は一部の繰戻還付を受けることができる。ただし，青色申告書提出など一定の条件を満たしている場合に限られる。

設　例

当社は，設立当初から青色申告書を継続して提出している。次の(1)，(2)の資料から，欠損金控除後の当期所得金額を求めなさい。また，翌期に持ち越される欠損金がある場合には，その金額を求めなさい。なお，期末資本金は8,000万円である。

	(1)	(2)
当 期 所 得 金 額	1,200,000円	1,800,000円
前 期 分 欠 損 金	500,000円	500,000円
前 々 期 以 前 の 欠 損 金 ※	1,000,000円	1,000,000円

※平成20年4月1日以後に終了した事業年度～平成30年4月1日前に開始した事業年度に発生したものとする。

(1)の場合

① 前期以前の欠損金合計額

　　□ 円 ＋ □ 円 ＝ □ 円

② 当期所得金額＜前期以前の欠損金合計額なので

　　欠損金控除後の当期所得金額 □ 円

③ 翌期に持ち越される欠損金

　　□ 円 － □ 円 ＝ □ 円

(2)の場合

① 前期以前の欠損金合計額

　　□ 円 ＋ □ 円 ＝ □ 円

② 欠損金控除後の当期所得金額

　　□ 円 － □ 円 ＝ □ 円

③ 翌期に持ち越される欠損金 □ 円

【解答】　(1)の場合

　　　① 前期以前の欠損金合計額　500,000円＋1,000,000円＝1,500,000円

　　　② 当期所得金額＜前期以前の欠損金合計額なので

　　　　欠損金控除後の当期所得金額　0円

　　　③ 翌期に持ち越される欠損金　1,500,000円－1,200,000円＝300,000円

　　(2)の場合

　　　① 前期以前の欠損金合計額　500,000円＋1,000,000円＝1,500,000円

　　　② 欠損金控除後の当期所得金額　1,800,000円－1,500,000円＝300,000円

　　　③ 翌期に持ち越される欠損金　0円

1. 当社は，設立当初から青色申告書を継続して提出している。次の(1)，(2)の資料から，欠損金控除後の当期（令和6年4月1日から令和7年3月31日まで）の所得金額を求めなさい。また，翌期に持ち越される欠損金がある場合には，その金額も求めなさい。なお，期末資本金は5,000万円である。

	(1)	(2)
当 期 所 得 金 額	2,300,000円	2,300,000円
前 期 分 欠 損 金	800,000円	800,000円
前 々 期 以 前 の 欠 損 金 ※	1,700,000円	1,200,000円

※税務上の繰越期間以内の欠損金である。

(1)の場合

① 前期以前の欠損金合計額

	円	+		円	=		円

② 当期所得金額＜前期以前の欠損金合計額なので

欠損金控除後の当期所得金額 | | 円 |

③ 翌期に持ち越される欠損金

	円	−		円	=		円

(2)の場合

① 前期以前の欠損金合計額

	円	+		円	=		円

② 欠損金控除後の当期所得金額

	円	−		円	=		円

③ 翌期に持ち越される欠損金 | | 円 |

第5章 外貨建取引

　内国法人の決算書や法人税の申告書などは、円建てで表示されている。そのため、輸出取引や輸入取引などの「外貨建取引」が行われた場合には、外国通貨建ての金額を円建ての金額へ換算していく必要がある。

1 外貨建取引の意義

　法人税法における**外貨建取引**とは、「外国通貨で支払いが行われる資産の販売及び購入、役務の提供、金銭の貸付け及び借入れ、剰余金の配当その他の取引」をいうこととされており、これは企業会計における外貨建取引とほぼ同義である。

2 取引発生時の取扱い

　外貨建取引の発生時においては、外国通貨建ての取引金額を**取引発生時の為替レートにより円換算する**ことになる。なお、ここでの為替レートは、原則として電信売買相場の仲値（TTM）を用いることとされている。ただし、継続適用を条件として、収益又は資産については電信買相場（TTB）、費用又は負債については電信売相場（TTS）を用いることもできる。

設　例

　千葉商事株式会社は当期の2月15日に、米国のオレンジ社に18,000ドルで商品を輸出した（掛取引）。千葉商事株式会社のこの取引における売上と売掛金の額について計算しなさい。なお、この日の為替レート（TTM）は1ドル当たり140円である。

| | ドル | × | @ | | 円 | = | | | 円 |

【解答】　18,000ドル×@140円＝2,520,000円

3 期末時の取扱い

　外貨建ての売掛金や買掛金などの外貨建債権債務は、期末において、**次の方法により換算**しなければならないこととされている。期末時の換算により為替差損益が生じた場合には、その**為替差損益は当該事業年度の益金または損金に算入**される。

　　短期外貨建債権債務：期末時換算法（★）又は 発生時換算法

　　長期外貨建債権債務：発生時換算法（★）又は 期末時換算法

　上記における**短期外貨建債権債務**とは、代金決済日がその事業年度終了の日の翌日から1年以内に到来するものをいい、一般的な外貨建ての売掛金や買掛金などが該当する。**長期外貨建債権債務**とは、短期外貨建債権債務以外のものをいう。

　次に、換算方法についてであるが、**発生時換算法**とは、期末時において有する外貨建債権債務について、その外貨建債権債務の**取引発生時の為替レート**をもって期末時における円換算額とする方法をいう。**期末時換算法**とは、期末時において有する外貨建債権債務について、**期末時における為替レート**を

もって期末時における円換算額とする方法をいう。

　外貨建債権債務について発生時換算法と期末時換算法のどちらを用いるかは、納税地の所轄税務署長に対して届出を行うことにより選択できるが、**届出を行わない場合には、法定換算方法（上記中の★マーク）により換算する**こととなる。したがって、法人が外貨建債権債務の換算方法について何ら届出を出していない場合には、短期外貨建債権債務に該当する一般的な外貨建ての売掛金や買掛金は、期末時換算法を用いて換算することになる。

設　例

　令和商事株式会社（以下「令和社」）が当期末において有する売掛金のうち、2,520,000円（18,000ドル）は米国のダーダリ社に対するものである。令和社の当期末における売掛金の額と為替差損益の額を計算しなさい。なお、令和社は外貨建債権債務の換算方法について何ら届出を出しておらず、当期末における為替レート（TTM）は1ドル当たり145円である。

売 掛 金 の 額： [　　ドル] × [@ 　　円] = [　　　円]

　　　　　　　　　　　　　　　　　　　　　　　　　　　いずれかに〇

為替差損益の額： [　　円] − [　　円] = [　　円] （為替　差益・差損）

【解答】　売掛金の期末残高：18,000ドル×@145円＝2,610,000円

　　　　　為替差損益の額：2,610,000円−2,520,000円＝90,000円（為替差益）

（注）外貨建債権にかかる貸倒引当金の計算は、期末換算後の金額（本設例でいえば2,610,000円）をベースに計算する。

第6章 法人税額の計算

　本章では，まず，所得金額の算定のために当期利益に加算すべき項目および減算すべき項目を総合するための一覧表，すなわち法人税申告書「別表4」の記入方法を学習し，次に算定された所得金額を基にした法人税額の算出方法を学習する。

　法人税額は，次の手順により算定する。

　　ア．所得金額×税率＝法人税額

　　イ．アの法人税額－税額控除＝当期所得に対する法人税額

　　ウ．イの法人税額－中間納付額＝確定申告による納付税額

1 所得金額の算定と「別表4」

　法人税額算定の基礎となる所得金額は，第2章で学習したように次のようになる。

　　当期利益＋加算項目（益金算入項目，損金不算入項目）

　　－減算項目（益金不算入項目，損金算入項目）＝所得金額

　この加算すべき項目と減算すべき項目の個々の内容については，第3章と第4章で学習してきたところであるが，主なものを列挙すると次のようになる。これらを一覧表にしたものが法人税申告書「**別表4**」（「**所得の金額の計算に関する明細書**」）である。

[加算項目]（一例）

　　ア．損金の額に算入した法人税額

　　イ．損金の額に算入した道府県民税額及び市町村民税額

　　ウ．損金の額に算入した道府県民税利子割

　　エ．損金の額に算入した納税充当金の額

　　オ．減価償却の償却限度超過額

　　カ．貸倒引当金の繰入限度超過額

　　キ．交際費等の損金不算入額

　　ク．損金経理した役員賞与額

　　ケ．過大な役員報酬

　　コ．過大な役員退職給与金

　　サ．寄附金損金不算入額

　　シ．法人税額から控除される所得税額

[減算項目]（一例）

　　ス．減価償却超過額の当期認容額

　　セ．納税充当金から支出した前期分事業税額等

　　ソ．受取配当等の益金不算入額

　　タ．法人税等の中間納付額及び過誤納に係る還付金額

　　チ．所得税額等及び欠損金の繰戻しによる還付金額等

　　ツ．前期貸倒引当金繰入超過額の当期認容額

法人税申告書「別表4」（「所得の金額の計算に関する明細書」）

摘　　　　　要	金　　額	
当　期　利　益	①	← 確定決算による利益を記入する。
加算 ア 〜 コ の項目を記入する		
小　　計	②	← 加算欄の合計額を記入する。
減算 ス 〜 ツ の項目を記入する		
小　　計	③	← 減算欄の合計額を記入する。
仮　　計	④	← （①＋②−③）
サ シ の項目を記入する	⑤	
合計・総計・差引計	⑥	← （④＋⑤）
所　得　金　額	⑦	← ⑥と同じ額を記入する。

設　例

　次の資料により，金沢商事株式会社の当期分の課税標準である所得の金額を法人税申告書「別表4」により計算しなさい。

<資　料>

1．当期利益の額	20,000,000円
2．損金の額に算入した中間納付法人税額	5,000,000円
3．損金の額に算入した中間納付県民税及び市町村民税	2,400,000円
4．損金の額に算入した納税充当金の額	18,000,000円
5．納税充当金から支出した前期分事業税額等	2,500,000円
6．交際費等の損金不算入額	1,500,000円
7．減価償却の償却限度超過額	800,000円
8．減価償却超過額の当期認容額	170,000円
9．貸倒引当金の繰入限度超過額	80,000円
10．前期貸倒引当金繰入超過額の当期認容額	20,000円
11．損金経理した役員賞与額	590,000円
12．過大な役員報酬	1,430,000円
13．過大な役員退職給与金	610,000円

14. 受取配当等の益金不算入額　　　　　　　　　　300,000円
15. 法人税額から控除される所得税額　　　　　　　200,000円
16. 寄附金損金不算入額　　　　　　　　　　　　　 40,000円

法人税申告書「別表4」　　　　　　　　　　　　　　　　（単位：円）

摘　　　　　要	金　　　額
当　　期　　利　　益	
加	
算	
小　　　　計	
減	
算	
小　　　　計	
仮　　　　　　　計	
合　計　・　総　計　・　差　引　計	
所　　得　　金　　額	

（単位：円）

摘　　　　　　　　　要		金　　　額
	当　　期　　利　　益	20,000,000
加 算	損金の額に算入した中間納付法人税額	5,000,000
	損金の額に算入した中間納付県民税額及び市町村民税額	2,400,000
	損金の額に算入した納税充当金の額	18,000,000
	減価償却の償却限度超過額	800,000
	交際費等の損金不算入額	1,500,000
	貸倒引当金の繰入限度超過額	80,000
	損金経理した役員賞与額	590,000
	過大な役員報酬	1,430,000
	過大な役員退職給与金	610,000
	小　　　　　　　計	30,410,000
減 算	減価償却超過額の当期認容額	170,000
	納税充当金から支出した前期分事業税額等	2,500,000
	受取配当等の益金不算入額	300,000
	前期貸倒引当金繰入超過額の当期認容額	20,000
	小　　　　　　　計	2,990,000
	仮　　　　　　　　　　　　計	47,420,000
	寄　附　金　損　金　不　算　入　額	40,000
	法 人 税 額 か ら 控 除 さ れ る 所 得 税 額	200,000
	合　計・総　計・差　引　計	47,660,000
	所　　得　　金　　額	47,660,000

② 法人税額の算定

(1) 税 率

法人税額は，課税所得金額（1,000円未満の端数は切捨て）に下表の期末資本金の大きさ別による税率を乗じることによって求められる。

区　分		税　率
大法人	資本金1億円超の普通法人	23.2%
中小法人等	資本金1億円以下等の要件を満たす普通法人，一般社団法人等及び人格のない社団等	年800万円以下の所得からなる部分 ※（　）は平成24年4月1日から令和7年3月31日までの間に開始する事業年度に適用
		19 ％ （15 ％）
		年800万円超の所得からなる部分 23.2%

(2) 税額の算定方法

税額の算定方法は，大法人と中小法人等により異なる。

① 大法人の場合

ⅰ）所得金額（1,000円未満端数切捨て）×税率(23.2%)＝法人税額 ㋐

ⅱ）㋐の法人税額－税額控除＝当期所得に対する法人税額 ㋑　（100円未満端数切捨て）

ⅲ）㋑の法人税額－中間納付税額＝確定申告により納付すべき税額

設 例

次の資料により，第一株式会社の第○期事業年度（事業年度：令和6年4月1日～令和7年3月31日）の確定申告により納付すべき法人税額を計算しなさい。

＜資料Ⅰ＞　1．当期利益の額　　42,300,300円

　　　　　　2．益金算入額　　　5,400,000円

　　　　　　3．益金不算入額　　3,110,000円

　　　　　　4．損金算入額　　　1,850,000円

　　　　　　5．損金不算入額　　27,800,000円

＜資料Ⅱ＞　1．資料Ⅰの損金不算入額には，中間納付した法人税額12,900,000円が含まれている。

　　　　　　2．税率は，期末資本金1億円を超える普通法人に適用される基本税率による。

　　　　　　なお，提示されている資料以外は一切考慮しないものとする。

1．課税所得金額

1,000円未満の端数切 { 上　げ / 捨　て } ∴ [　　　円]

いずれかを○で囲みなさい

2．当期法人税額

[　　　円] × [　　％] = [　　　円]

93

3. 納付すべき法人税額

| | 円 | − | | 円 | = | | 円 |

100円未満の端数切 $\left\{\begin{array}{c}上\ げ\\捨\ て\end{array}\right\}$ ∴ | | 円 |

いずれかを○で囲みなさい

【解答】　1．課税所得金額

42,300,300円＋（5,400,000円＋27,800,000円）−（3,110,000円＋1,850,000円）

＝70,540,300円　　　　　　1,000円未満の端数切 $\left\{\begin{array}{c}上\ げ\\\boxed{捨\ て}\end{array}\right\}$ ∴ 70,540,000円

　　　　2．当期法人税額　　　70,540,000円×23.2%＝16,365,280円

　　　　3．納付すべき法人税額　16,365,280円−12,900,000円＝3,465,280円

100円未満の端数切 $\left\{\begin{array}{c}上\ げ\\\boxed{捨\ て}\end{array}\right\}$ ∴ 3,465,200円

② 　中小法人等の場合（平成24年4月1日から令和7年3月31日までの間に開始する事業年度）

ⅰ）年800万円以下の所得の金額の部分

$$8,000,000円 \times \frac{当期月数}{12} \times 15\% = (ア)$$

ⅱ）年800万円超の所得の金額（1,000円未満の端数切捨て）の部分

$$\left(所得金額 - 8,000,000円 \times \frac{当期月数}{12}\right) \times 23.2\% = (イ)$$

ⅲ）（ア）の額＋（イ）の額）−税額控除＝当期所得に対する法人税額 (ウ) 　（100円未満端数切捨て）

ⅳ）(ウ)の額−中間申告納税額＝確定申告により納付すべき法人税額

設　例

　次の資料によって，東日本商事株式会社の第8期（事業年度：令和6年4月1日～令和7年3月31日）の確定申告により納付すべき法人税額を計算しなさい。

＜資　料＞

1．期末現在資本金額	65,000,000円	
2．当期利益の額	10,200,000円	
3．所得金額の計算上税務調整すべき事項		
(1)　損金の額に算入した中間納付の法人税額		2,560,000円
(2)　損金の額に算入した中間納付の県民税及び市民税		512,000円
(3)　損金の額に算入した納税充当金		4,500,000円
(4)　納税充当金から支出した前期分事業税額		956,000円
(5)　器具備品の減価償却超過額		494,750円
(6)　前期分の建物減価償却超過額の当期認容額		650,000円
(7)　法人税から控除される所得税額		191,250円

　なお，当期受取配当及び支払配当等はない。

Ⅰ　所得金額の計算

摘　　　　　要		金　　額
当　　期　　利　　益		円
加 算		円
		円
		円
		円
		円
	小　　　　計	円
減 算		円
		円
	小　　　　計	円
仮　　　　　　　　　　計		円
法 人 税 額 か ら 控 除 さ れ る 所 得 税 額		円
合 　 計 ・ 総 　 計 ・ 差 　 引 　 計		円
所 　 得 　 金 　 額		円

Ⅱ．納付すべき法人税額の計算

(1)　年800万円以下の所得に対する税額

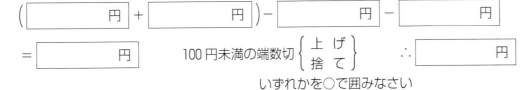

(2)　年800万円を超える所得金額に対する税額

$$\left(\boxed{} 円 - \boxed{} 円 \times \frac{\boxed{}}{12} \right) \times \boxed{} \% = \boxed{} 円$$

(3)　納付すべき法人税額

$$\left(\boxed{} 円 + \boxed{} 円 \right) - \boxed{} 円 - \boxed{} 円$$

$$= \boxed{} 円 \qquad 100 円未満の端数切 \left\{ \begin{array}{c} 上　げ \\ 捨　て \end{array} \right\} \qquad \therefore \boxed{} 円$$

いずれかを○で囲みなさい

【解答】

Ⅰ　所得金額の計算

摘　　　　　　　　要		金　　　額
当　　期　　利　　益		10,200,000円
加算	損金の額に算入した中間納付の法人税額	2,560,000円
	損金の額に算入した中間納付の県民税及び市民税	512,000円
	損金の額に算入した納税充当金	4,500,000円
	器具備品減価償却超過額	494,750円
	小　　　　　　　計	8,066,750円
減算	建物減価償却超過額当期認容額	650,000円
	納税充当金から支出した前期分事業税額	956,000円
	小　　　　　　　計	1,606,000円
仮　　　　　　　　　　　　　計		16,660,750円
法 人 税 額 か ら 控 除 さ れ る 所 得 税 額		191,250円
合　計　・　総　計　・　差　引　計		16,852,000円
所　　　得　　　金　　　額		16,852,000円

Ⅱ　納付すべき法人税額の計算

(1)　年800万円以下の所得に対する税額

$$8,000,000円 \times \frac{12}{12} \times 15\% = 1,200,000円$$

(2)　年800万円を超える所得金額に対する税額

$$(16,852,000円 - 8,000,000円 \times \frac{12}{12}) \times 23.2\% = 2,053,664円$$

(3)　納付すべき法人税額

$$(1,200,000円 + 2,053,664円) - 191,250円 - 2,560,000円 = 502,414円$$

100円未満の端数切 $\left\{ \begin{matrix} 上　げ \\ 捨　て \end{matrix} \right\}$ 　　∴ 502,400円

(3)　税額控除

　　税額控除の主なものに，法人が支払った所得税額や外国税額に係る控除がある。これらの税額は，法人税の前払いや国際的二重課税になっているものと考えられるので，算出された法人税額から控除する。この場合，源泉徴収された所得税は，法人税申告書「別表4」において当期利益に加算する。（上記設例を参照のこと）

①　所得税額の控除

　　内国法人が受ける公社債の利子，法人から受ける剰余金の配当，投資信託の収益の分配等について，源泉徴収された所得税額は法人税額から控除される。

②　元本所有期間に対応する計算

　　所得税額の控除の適用を受ける場合に，その所得税額はその元本を所有していた期間に対応する部分の金額だけが税額控除の対象となる。

　　元本の所有期間に対応する金額の計算方法には，「個別法」と「銘柄別簡便法」の2つの方法があり，法人の選択によりどちらかの方法（有利な方法）により計算することができる。

(1) 個別法

$$\text{利子・配当等に対する所得税額} \times \left[\frac{\text{分母の期間のうちその元本所有期間の月数}}{\text{利子・配当等の計算期間の月数}} \right] = \text{控除額}$$

＊カッコ（元本所有割合）に小数点以下３位未満の端数がある場合には，その端数を切り上げる。また月数の１月未満の端数は，１月に切り上げる。

(2) 銘柄別簡便法

その銘柄の利子・配当等に対する所得税額×元本所有割合＝控除額

$$\frac{\text{配当計算期間開始時の所有元本数A} + (\text{B} - \text{A}) \times \frac{1}{2}}{\text{配当計算期間終了時の所有元本数B}} = \text{元本所有割合}$$

＊元本所有割合に小数点以下３位未満の端数がある場合には，その端数を切り上げる。またA≧Bの時は，全額が控除対象となる。なお，公社債の場合には，所有元本数は，所有する元本の額面金額となる。

練 習 問 題

１．次の各文章を完成させるため，文中の（　　　　）内に示した３つの語のうちから適当なものを１つ選び，○で囲みなさい。

(1) 内国法人である普通法人（大法人）に対して課す各事業年度の所得に対する法人税の額は，各事業年度の所得の金額に（100分の15，100分の23.2，100分の34.5）の税率を乗じて計算した金額とする。

(2) 各事業年度終了時において資本金の額もしくは出資金の額が，（５千万円，１億円，２億円）以下である中小法人等の各事業年度の所得の金額のうち，（年７百万円，年８百万円，年１千万円）以下の金額については，（100分の15，100分の23.2，100分の34.5）の税率となる。

6

法人税額の計算

2．次の資料により，西日本株式会社の第12期事業年度（事業年度：令和6年4月1日〜令和7年3月31日）の確定申告により納付すべき法人税額を計算しなさい。

＜資料Ⅰ＞

1．当期利益の額　　　　　72,400,500円
2．益金算入額　　　　　　8,500,000円
3．益金不算入額　　　　　4,650,000円
4．損金算入額　　　　　　1,240,000円
5．損金不算入額　　　　　31,850,000円

＜資料Ⅱ＞

1．資料Ⅰの損金不算入額には，中間納付した法人税額19,450,000円と法人税から控除すべき所得税額1,564,000円が含まれている。

2．税率は，期末資本金1億円を超える普通法人に適用される基本税率による。

なお，提示されている資料以外は一切考慮しないものとする。

1．課税所得金額

1,000円未満の端数切 { 上 げ 捨 て } ∴ [　　　　　円]
いずれかを○で囲みなさい

2．当期法人税額

[　　　円] × [　　％] = [　　　円]

3．納付すべき法人税額

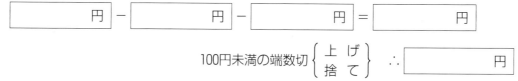

100円未満の端数切 { 上 げ 捨 て } ∴ [　　　　　円]
いずれかを○で囲みなさい

3．次の資料により，三木商事株式会社の第27期（事業年度：令和6年4月1日〜令和7年3月31日）の確定申告により納付すべき法人税額を計算しなさい。

＜資　料＞

1．期末現在資本金額　　　　　55,000,000円
2．当期利益の額　　　　　　　20,500,000円
3．所得金額の計算上税務調整すべき事項
　⑴　損金の額に算入した中間納付の法人税額　　　　6,240,000円
　⑵　損金の額に算入した中間納付の県民税及び市民税　899,000円
　⑶　損金の額に算入した納税充当金　　　　　　　　4,600,000円
　⑷　役員賞与の損金不算入額　　　　　　　　　　　5,724,050円
　⑸　納税充当金から支出した前期分事業税額　　　　457,000円
　⑹　前期分の器具備品減価償却超過額の当期認容額　621,100円
　⑺　法人税から控除される所得税額　　　　　　　　672,150円
　　　なお，当期受取配当及び支払配当等はない。

Ⅰ 所得金額の計算

摘　　　　　　　　　　要		金　　　額
当　　期　　利　　益		円
加		円
		円
		円
		円
		円
算		円
	小　　　　　計	円
減		円
		円
算	小　　　　　計	円
仮　　　　　　　　　　　　計		円
		円
合　計　・　総　計　・　差　引　計		円
所　　得　　金　　額		円

Ⅱ．納付すべき法人税額の計算

(1) 年800万円以下の所得金額に対する税額

$$\boxed{\qquad 円} \times \frac{\boxed{\quad}}{12} \times \boxed{\quad \%} = \boxed{\qquad 円}$$

(2) 年800万円を超える所得金額に対する税額

① $\left(\boxed{\qquad 円} - \boxed{\qquad 円} \times \dfrac{\boxed{\quad}}{12} \right) = \boxed{\qquad 円}$

1,000円未満の端数切 $\left\{ \begin{matrix} 上　げ \\ 捨　て \end{matrix} \right\}$ ∴ $\boxed{\qquad 円}$

いずれかを○で囲みなさい

② $\boxed{\qquad 円} \times \boxed{\quad \%} = \boxed{\qquad 円}$

(3) 納付すべき法人税額

$\left(\boxed{\qquad 円} + \boxed{\qquad 円} \right) - \boxed{\qquad 円} = \boxed{\qquad 円}$

100円未満の端数切 $\left\{ \begin{matrix} 上　げ \\ 捨　て \end{matrix} \right\}$ ∴ $\boxed{\qquad 円}$

いずれかを○で囲みなさい

$\boxed{\qquad 円} - \boxed{\qquad 円} = \boxed{\qquad 円}$

第7章 同族会社

法人が同族会社の場合には，特別の規定が定められており，特に留保金に対して特別税率による課税が行われることがある。

1 同族会社に対する特別の規定

⑴ **同族会社の意義**

法形式上は法人であるが，資本の大部分が少数の株主によって所有され，その実質は個人に類似する会社（これを「**同族会社**」という）がある。このような同族会社は，非同族会社では行われないような行為や計算を行って，税金逃れを図ることがある。そこで，同族会社に対して税金逃れの防止を図る目的で特別規定を設けている。

⑵ **特別の規定の内容**

同族会社には次のような特別の規定があり，制約を受けることになる（主なものを次に記載）。

㈠ 同族会社の行為又は計算の否認

同族会社でなければできないような取引をして不当に法人税の負担を減少させた場合には，その行為または計算にかかわらず，税務署長の認めるところによって，所得金額や法人税額を計算することができる。

㈡ 特定同族会社に対する留保金課税

特定同族会社については，基本税率のほかに，一定限度額を超えて留保した所得金額に対して，特別税率による課税を行う。

㈢ 役員の認定，使用人兼務役員の制限（第4章⑥役員の給与等参照）

取締役や監査役などの役員としての肩書きを有していなくても，一定の株主等で実質から判断して役員と同様とみなされる者は，税務上役員とされる。また，同族会社の役員で持株割合に関する要件を満たす者は，使用人としての職制上の地位を有し，その職務に従事していても，税務上，使用人兼務役員とは認められない。

2 同族会社の判定

同族会社とは，株主等の3人以下並びにこれらと特殊関係のある個人及び法人（これを「同族関係者」という）が有する株式の総数又は出資金額の合計額が，その会社の発行済み株式総数又は出資金額の50%超に相当する会社をいう。

同族関係者には，個人と法人がある。同族関係者となる個人とは株主等の親族等をいい，また，同族関係者となる法人とは，株主等の一人で50%超の株式等を持つ会社などをいう。なお，**株主等**とは株主又は社員その他法人の出資者をいう。

同族会社の判定に当たっては，判定する会社の株主とその同族関係者を同一グループと考え，持株等割合の大きい順に上位3つ以下の株主グループの持株等割合の合計が50%超であれば，その会社は「**同族会社**」と判定される。上位3株主グループの持株等割合が50%以下の会社は「**非同族会社**」となる。同族会社のうち，筆頭株主グループの持株等割合が50%を超える会社を「**特定同族会社**」（**資本金1億円以下の同族会社などを除く**）といい，特別税率による留保金課税の対象となる。

設 例

1. 次の文章の（　　　）の中にあてはまる語を，下記の語群から選び，記入しなさい。

(1) 同族会社とは，株主等の（　　　）人以下並びにこれらと特殊関係のある（　　　）及び法人が有する株式の総数又は出資金額の合計額が，その会社の発行済み株式総数または出資金額の（　　　）％超に相当する会社をいう。

(2) 株主等とは，株主又は合名会社，合資会社及び合同会社の（　　　）その他法人の出資者をいう。

<語　群>　2，3，5，10，50，個人，法人，株主，社員

2. 京都産業株式会社の株主構成は次のとおりである。同社が同族会社に該当するかどうかの判定をしなさい。なお，株主相互間に同族関係はない。

株 主 氏 名	持 株 数	備　　考
北 見 一 郎	1,100株	代表取締役
旭 川 二 郎	300株	専務取締役
札 幌 三 郎	240株	
釧 路 四 郎	170株	
その他の株主	240株	100株未満の株主
発 行 株 式 総 数	2,050株	

上位3株主グループ

第1位株主（　　　　　　　）　　持株数（　　　　　株）
第2位株主（　　　　　　　）　　持株数（　　　　　株）
第3位株主（　　　　　　　）　　持株数（　　　　　株）
計　（　　　　　株）

判定　$\dfrac{\boxed{\qquad 株}}{\boxed{\qquad 株}}×100＝（\quad\%）$　∴当社は $\left\{\begin{array}{c}同　族\\非同族\end{array}\right\}$ 会社である。

どちらかに○印をつける

【解答】　1．順に，(1) 3，個人，50　　(2) 社員

　　　　　2．上位3株主グループ

第1位株主（北 見 一 郎）　持株数（　1,100株）
第2位株主（旭 川 二 郎）　持株数（　　300株）
第3位株主（札 幌 三 郎）　持株数（　　240株）
計　（　1,640株）

判定　$\dfrac{1,640株}{2,050株}×100＝80\%$　∴当社は $\left\{\begin{array}{c}同　族\\非同族\end{array}\right\}$ 会社である。

どちらかに○印をつける

1. 次の文章の（　　　　）の中にあてはまる語を，下記の語群から選び，記入しなさい。

　　同族会社とは，株主等の（　　　　　　　）人以下並びにこれらと特殊の関係のある（　　　　　　　）
　及び法人が有する株式の総数又は出資の金額の合計額が，その会社の発行済み株式の総数又は
　出資総額の
　（　　　　　　）超に相当する会社をいう。

　　<語　群>　| 1,　2,　3,　個人,　会社,　100分の50,　100分の30 |

2. 次の各文章のうち，正しいものについては○印を，誤っているものは × 印を，各文章末尾の
　（　　　）の中に記入しなさい。

　(1)　同族会社に該当する法人には，青色申告事業年度で生じた欠損金の繰越控除の規定の適用はない。
　　　（　　　）

　(2)　株主又は合名会社，合資会社もしくは合同会社の社員その他法人の出資者を「株主等」という。
　　　（　　　）

　(3)　同族会社とは，株主等の３人以下とこれらと同族関係にある者が有する株式の総数又は出資の金
　　　額の合計額が，その会社の発行済株式の総数又は出資金額の50%超に相当する会社をいう。（　　　）

3. 信州産業株式会社の株主構成は次のとおりである。同社は同族会社に該当するかどうかの判定をし
　なさい。なお，株主相互間に同族関係はない。

株 主 氏 名	持 株 数	備　　　　考
秋 山 一 郎	1,300株	代表取締役
春 山 二 郎	500株	専務取締役
夏 木 花 子	150株	
冬 山 五 郎	400株	
その他の株主	150株	100株未満の株主
発 行 株 式 総 数	2,500株	

　上位３株主グループ

　　　第１順位株主（　　　　　　　）　　　持株数（　　　　　　株）
　　　第２順位株主（　　　　　　　）　　　持株数（　　　　　　株）
　　　第３順位株主（　　　　　　　）　　　持株数（　　　　　　株）
　　　　　　　　　　　　　　　　　　　　　　　計　（　　　　　　株）

　判定　$\dfrac{\boxed{}株}{\boxed{}株}$ ×100 = $\boxed{}$ %　　∴ 当社は $\left\{\begin{array}{l}同　族\\非同族\end{array}\right\}$ 会社である。

　　　　　　　　　　　　　　　　　　　　　　　　　いずれかを○で囲みなさい

7
同族会社

4．下記Ａ群の各用語と最も関係の深い用語をＢ群から選び，その番号を（　　　）内に記入しなさい。

Ａ　　　群		Ｂ　　　群	
1．減価償却資産の改良費	（　　）	1．特別税率	
2．更生手続きの開始申立	（　　）	2．税額控除	
3．源泉徴収された所得税額	（　　）	3．資本等取引	
4．交際費等	（　　）	4．資本的支出	
5．同族会社の留保金額	（　　）	5．定額控除限度額	
6．資本金の増加	（　　）	6．貸倒引当金の設定	

3 特定同族会社の留保金課税

特定同族会社（同族会社のうち，事業年度終了のときにおける資本金の額又は出資金の額が1億円以下である法人については，適用が除外されている）については，各事業年度の留保金額が留保控除額を超える場合（超える金額を「課税留保金額」という），その課税留保金額（1,000円未満の端数は切捨て）に特別税率を乗じた金額が，通常の法人税額に加算される。

課税留保金額＝留保金額－留保控除額

(1) **留保金額**

所得等の金額－社外流出額（配当，役員賞与等）－法人税・住民税

(2) **留保控除額**

次に掲げる金額のうち，最も多い金額である。

i　その事業年度の所得の金額の40％相当額

ii　年2,000万円

iii　期末の資本金額の25％相当額から期末の利益積立金額を控除した金額

(3) **特別税率**

課税留保金額　3,000万円以下………………10％

課税留保金額　3,000万円超1億円以下……15％

課税留保金額　1億円超 ……………………20％

法人税は，申告納税方式により納付すべき税額を確定させ，納税することになっている。本章では，法人税の申告と納税について学習する。

1 申告方法

(1) 確定申告

事業年度が終了すると，その終了の日の翌日から2か月以内に，確定した決算に基づいて**確定申告書**を作成し，貸借対照表，損益計算書，その他の書類を添付して税務署長に提出しなければならない。これを「**確定申告**」という。

なお，災害などで事業年度終了の日の翌日から2か月以内に決算が確定しない法人については，申請により事業年度終了の日の翌日から3か月以内に延長されるなど，確定申告期限についての特例がある。

(2) 中間申告

事業年度が6か月を超える法人は，事業年度開始の日以後6か月を経過した日から2か月以内に**中間申告書**を作成して，申告納付を行う。

中間申告は，次の2つの方法による。

① 前期実績による中間申告

前期分の実績を基にして予定申告納付する方法で，納付額は次の計算式により求められる。

$$前期分法人税額 \times \frac{6}{前期の月数} = 予定中間申告額$$

ただし，この算式による申告額が10万円以下のときには，申告納付を必要としない。

② 仮決算による中間申告

事業年度の開始の日以後6か月の期間を一事業年度とみなして仮決算を行い，これに基づいて申告納税額を計算し納付する方法である。

(3) 期限後申告

期限後申告とは，2か月の法定申告期限が過ぎても，税務署長から決定があるまでは，申告書の提出が認められることをいう。この期限後申告書を提出した場合には，納付税額に対して延滞税がかかり，さらに無申告加算税がかかる。

(4) 修正申告

修正申告とは，申告した税額に不足額があったり，欠損金額の申告が多すぎたり，還付金額が多すぎるというような場合に，修正申告書を提出して正当な額に修正することをいう。修正申告をした場合には，追加税額に対しては延滞税，またそれぞれの場合に応じて過少申告加算税などがかかることがある。

設 例

次の文章の（　　）の中にあてはまる語を，下記の語群から選び，記号で記入しなさい。

⑴　確定申告とは，（　　）の終了後，その終了の日の翌日から（　　）以内に（　　）に基づいて確定申告書を作成し，貸借対照表，損益計算書，その他の書類を添付して（　　）に提出しなければならない。

⑵　中間申告とは，事業年度が（　　）を超える法人は，事業年度（　　）以後6か月を経過した日から2か月以内に（　　）を行うことをいい，申告納付額は前期の（　　）を基にして計算する方法と（　　）により計算する方法がある。

＜語 群＞
ア．確定した決算	イ．2か月	ウ．6か月	エ．申告納付
オ．開始の日	カ．実 績	キ．税務署長	ク．事業年度
ケ．仮決算			

⑶　期限後申告とは，（　　）の法定申告期限が過ぎても，（　　）から（　　）があるまでは，申告書の提出が認められることをいう。

⑷　修正申告とは，申告した税額に（　　）があったり，（　　）の申告が多すぎたり，（　　）が多すぎるというような場合に，（　　）を提出して正当な額に（　　）することをいう。

＜語 群＞
コ．欠損金額	サ．税務署長	シ．不足額	ス．2か月
セ．還付金額	ソ．決 定	タ．修 正	チ．修正申告書

【解答】　1－ク，イ，ア，キ　　2－ウ，オ，エ，カ，ケ　　3－ス，サ，ソ
　　　　4－シ，コ，セ，チ，タ

② 納付の期限と更正の請求

⑴ 法定納期限と納税地

確定申告書や中間申告書を提出した場合には，原則として申告書の提出期限までに，その申告書にかかる法人税を納付しなければならない。この納付する期限を**「法定納期限」**といい，また**納める法人税の納税地**は，その本店又は主たる事務所の所在地となる。なお，納税地に異動があった場合には，異動前の納税地の所轄税務署長にその旨を届出なければならない。

⑵ 更正の請求

会社の計算した課税標準額等又は税額等が過大であったこと等の誤りを発見したときは，申告書の提出期限から5年以内に限り，税額を少なくするための請求をすることができる。これを「更正の請求」という。

設　例

次の文章の（　　　）の中にあてはまる語を，下記の語群から選び，記号で記入しなさい。

⑴　法人税額の法定納期限は，申告書の（　　　）までであり，内国法人の（　　　）は，その（　　　）又は主たる事務所の（　　　）である。

⑵　更正の請求とは，会社の計算した課税標準額等又は税額等が（　　　）であったこと等の誤りを発見したときに，（　　　）の提出期限から（　　　）以内に限り，税額を（　　　）するための請求をすることをいう。

＜語　群＞	ア．5　年	イ．本　店	ウ．提出期限	エ．少なく
	オ．納税地	カ．過　大	キ．所在地	ク．申告書

【解答】　1－ウ，オ，イ，キ　　　2－カ，ク，ア，エ

練 習 問 題

1. 次の文章は，下記語群の用語を説明したものである。最も適当なものを選び，解答欄に記号で記入しなさい。

(1) 2か月の法定申告期限が過ぎても，税務署長から決定があるまでは，申告書の提出が認められる。

(2) その本店または主たる事務所の所在地である。

(3) 前期分の実績を基にして予定申告納付する方法で，計算した申告額が10万円以下のときには，申告納付を必要としない。

(4) 会社の計算した課税標準額等又は税額等が過大であったこと等の誤りを発見したときは，申告書の提出期限から5年以内に限り，税額を少なくするための請求のことをいう。

(5) 事業年度の開始の日以後6か月の期間を一事業年度とみなして仮決算を行い，これに基づいて申告納税額を計算し納付する方法である。

(6) 事業年度が終了すると，その終了の日の翌日から2か月以内に，確定した決算に基づいて確定申告書を作成し，貸借対照表，損益計算書，その他の書類を添付して税務署長に提出しなければならない。

(7) 申告した税額に不足額があったり，欠損金額の申告が多すぎたり，還付金額が多すぎるというような場合に，修正申告書を提出して正当な額に修正することをいう。

(8) 事業年度が6か月を超える法人は，事業年度開始の日以後6か月を経過した日から2か月以内に中間申告納付を行うことになる。

(9) 確定申告書や中間申告書を提出した場合の法人税額は，原則として申告書の提出期限までに納付しなければならない。

<語　群>
ア．確定申告	イ．中間申告	ウ．前期実績による中間申告
エ．仮決算による中間申告	オ．期限後申告	カ．修正申告
キ．法定納期限	ク．内国法人の納税地	ケ．更正の請求

<解答欄>
| 1 | | 2 | | 3 | | 4 | | 5 | | 6 | |
| 7 | | 8 | | 9 | | | | | | | | | |

2. 次の文章のうち，正しいものには○印を，誤っているものには×印を解答欄に記入しなさい。

(1) 内国法人は，事業年度終了の日の翌日から4か月以内に，税務署長に対し，確定した決算に基づき確定申告書を提出しなければならない。

(2) 内国法人は，各事業年度終了の日の翌日から2か月以内に税務署長に対し，確定申告書を提出しなければならない。

(3) 事業年度が6か月を超える普通法人は，原則として中間申告書を提出しなければならない。ただし，納付すべき税額が20万円以下又は納付すべき税額がない場合には，中間申告書を提出する必要はない。

(4) 内国法人の納税地とは，その本店又は主たる事務所の所在地をいう。

(5) 法人税は原則として，事業年度終了の日の翌日から2か月以内に納付する。

| 解 答 欄 | 1 | | 2 | | 3 | | 4 | | 5 | |

3 確定申告書の提出期限の延長の特例

確定申告書は先に述べたように，事業年度終了の日の翌日から2か月以内に提出しなければならないが，一定の場合には提出期限の延長が認められる。

(1) 会計監査等の関係で決算が確定しない場合

会計監査人の監査を受けなければならないこと，その他これに類する理由によって決算が確定しないため，当期以後の各事業年度の確定申告書を2か月以内に提出することができない場合には，所轄税務署長は，その法人の申請に基づいて，当期以後の提出期限を1か月間延長することができる。

① 申告期限の延長申請

最初に延長を受けようとする事業年度の終了の日までに，決算が確定しない理由，その他所定の事項を記載した申請書をもってしなければならない。

② 申請のみなし承認

事業年度終了の日の翌日から15日以内に延長または却下の処分がなかったときは，自動的に申告期限の延長があったものとみなされる。

③ 利子税の納付

申告期限の延長の適用を受ける法人は，延長期間に応じて，確定申告税額に年7.3％（原則）の割合による利子税をあわせて納付しなければならない。

(2) 災害等により決算が確定しない場合

災害その他やむを得ない理由によって決算が確定しないため，2か月以内に提出することができないと認められる場合には，所轄税務署長はその法人の申請に基づいて，期日を指定してその提出期限を延長することができる。

4 還　付

(1) 所得税額等の還付

法人税額から控除されるべき所得税額又は外国税額が控除できなかった場合に、控除されなかった金額は、確定申告書に記載することにより還付される。この還付をするときは、その確定申告書の提出期限の翌日から、還付金の支払決定までの期間に応じて、年7.3％（原則）の割合で計算した還付加算金を加算する。

(2) 中間納付税額の還付

確定申告税額から控除しきれなかった中間納付税額は還付する。この還付をするときは，中間納付期限の翌日から，還付金の支払決定までの期間に応じて，年7.3％（原則）の割合で計算した還付加算金を加算する。

[著者略歴]

岩崎 功　いわさき いさお

国學院大學経済学部経済学科卒業、一橋大学大学院商学研
究科経営学及び会計学専攻修士課程修了、専修大学大学院商
学研究科商学専攻博士課程単位取得、都内及び神奈川県内の
専門学校税理士受験科講師、信州短期大学専任講師、同大学
助教授、同大学教授、中京学院大学教授、埼玉学園大学教授、
和光大学特任教授を歴任

ちょっと臆病なチキンハートの犬

チキン犬

・とても傷つきやすく、何事にも慎重。
・慎重すぎて逆にドジを踏んでしまう。
・頼まれごとにも弱い。
・のんびりすることと音楽が好き。
・運動は苦手（犬なのに…）。
・好物は緑茶と大豆食品。

■英光社イメージキャラクター
　『チキン犬』特設ページ
　https://eikosha.net/chicken-ken
チキン犬LINEスタンプ販売中！

法人税法テキスト　令和6年度版

2024年5月15日　発行

著　者　岩崎　功
監　修　経理教育研究会
発行所　株式会社 英光社
　　　　〒176-0012　東京都練馬区豊玉北1-9-1
　　　　TEL 050-3816-9443
　　　　振替口座 00180-6-149242
　　　　https://eikosha.net

©2024　EIKOSHA
ISBN 978-4-88327-841-1 C3034

本書の内容に誤りが見つかった場合は、
ホームページにて正誤表を公開いたします。
https://eikosha.net/seigo

本書の内容に不審な点がある場合は、下記よりお問合せください。
https://eikosha.net/contact
FAX 03-5946-6945
※お電話でのお問合せはご遠慮ください。

落丁・乱丁本はお取り替えいたします。
上記contactよりお問合せください。